"十三五"中小学教师培训教材

教师教学基本能力解读与训练
职业高中专业课

丛书主编：李　军

丛书副主编：文必勇　白雪峰　何书利　胡秋萍　刘继玲

本书主编：姜　楠

编著者：（按专题编写顺序）

冯　佳　金　艳　李军玲　王连风　姜　楠

孙　诺　陈　清　王　霖　侯广旭　刘冬梅

杨　辉　姚　蕾　何　琳　王　洋　张小苊

邸晓旭

北京理工大学出版社
BEIJING INSTITUTE OF TECHNOLOGY PRESS

内容简介

　　核心素养培养是学科教师落实社会主义核心价值观教育的落脚点。通过学科教育发展学生的核心素养，教师自身应提升一些方面的能力。通过深入研究和实践探索，本书遴选了八个方面的教师教学能力提升点，构建了初步的检核标准，尝试分析能力要素，形成结果指标。通过解释能力指标的相关概念，力求回答能力"是什么""有什么样的表现"；通过解释能力要素的作用或意义，力求回答"为什么"；应用学习和研究成果，对能力的各项结果指标进行案例式解读，尝试归纳概括结论，力求展现或启发"怎样做"。

　　本书适用于中（职高）小学教师的培训，或者作为一线中（职高）小学教师改进教学、提升教学能力的参考工具书。希望能为推动核心素养时代的教育教学改革提供参考和启发。

图书在版编目（CIP）数据

教师教学基本能力解读与训练．职业高中专业课 / 姜楠主编 . —北京：北京理工大学出版社，2017.9

ISBN 978-7-5682-4273-8

Ⅰ．①教…　Ⅱ．①姜…　Ⅲ．①专业课－教学法－职业高中－师资培训－教材　Ⅳ．① G633

中国版本图书馆 CIP 数据核字（2017）第 157187 号

出版发行 / 北京理工大学出版社有限责任公司
社　　址 / 北京市海淀区中关村南大街 5 号
邮　　编 / 100081
电　　话 /（010）68914775（总编室）
　　　　　（010）82562903（教材售后服务热线）
　　　　　（010）68948351（其他图书服务热线）
网　　址 / http：//www.bitpress.com.cn
经　　销 / 全国各地新华书店
印　　刷 / 定州市新华印刷有限公司
开　　本 / 787 毫米 ×1092 毫米　1/16
印　　张 / 11
字　　数 / 221 千字
版　　次 / 2017 年 9 月第 1 版　2017 年 9 月第 1 次印刷
定　　价 / 28.00 元

责任编辑 / 张荣君
文案编辑 / 高雪梅
责任校对 / 周瑞红
责任印制 / 边心超

前　言

教育大计，教师为本。习近平总书记指出：一个人遇到好老师是人生的幸运，一个学校拥有好老师是学校的光荣，一个民族源源不断涌现出一批又一批好老师则是民族的希望。可以说，有好的老师，就会有好的教育。

好老师不仅需要拥有强烈的教育情怀与高超的育人智慧，而且必定具有超强的教学能力。因为，教学能力是落实育人目标和决定教学质量的重要因素。北京市朝阳区教委始终高度重视全区教师教学能力的持续提升，早在 2009 年就出台了《朝阳区教育系统教师教学能力提升工程的意见》，旨在以教师的教学能力为抓手，促进教师队伍的专业发展，全面提高我区的教学质量和教育品质。

作为教师专业发展基地——北京教育学院朝阳分院一直致力于教师教学能力的全面发展。特别是在"十二五"期间，针对朝阳区教师教学能力现状，结合教师专业发展阶段的规律和特点，基于《北京市朝阳区教师教学基本能力检核标准》（以下简称《标准》）和《标准》解读，北京教育学院朝阳分院遴选了最为重要的 10 个能力要点，研发了中（职高）小学和一整套训练内容和方法，开发了《教师教学基本能力解读与训练》（共 23 个学科分册）学科教师培训教材。依据智慧技能的形成特点，通过"测、讲、摩、练、评"五个环节开展了基于实践、问题的教师培训，培训教师近 2 万人次。

在培训实施过程中，针对各学科教龄 10 年以下的青年教师和 10 年以上的成熟教师，遴选其中 4 ~ 6 个能力要点，分层开展学科教师培训，在培训目标、培训内容、培训形式以及考核要求等方面都做了针对性的细化处理。在《标准》解读、案例研讨、在线交流和考核测试的基础上，开展了基于能力要点的课堂教学实践与改进。不同类型的培训实践不仅检验了基于教师教学能力标准的培训课程的培训效果，同时也促进了教师教学能力的精进与提升。

基于《标准》的教师培训，突出了"培训课程标准化"的培训资源建设观。通过率先在全国研制、实践并推广系列《标准》，满足并引领了培训课程建设的品质需求，改进和完善了教师发展支持体系，推进了培训工作制度化、规范化，基本破解了分层、分类、分岗开展培训的难题，增强了教师参训的针对性、实效性和获得感，切实提升了教师培训的专业性，受到了区内外使用该培训教材教师的一致好评。

为了进一步发挥《标准》的指导作用，推进教师教学能力的持续提升，基于原有教材的开发和实施经验，每个学科结合现阶段本学科特点和教师专业发展需求，另外遴选了8～10个能力要点，开发了"十三五"中小学教师培训教材《教师教学基本能力解读与训练》（共24个学科分册）。在教材编写过程中，我们努力将《标准》揭示的一般规律、共性问题迁移融通于各学科，且通过案例凸显各学科教学能力的基本特征，还将关键的结果指标与各学科教学实践中的实际问题进行对接，以期深化教师对《标准》的理解，明确教学实践改进的方向和路径，提升自身的实践智慧。

当前，我国基础教育正处在深化综合改革的关键时期，各学科核心素养的提出，进一步明确了学科的育人价值，为学科育人提供了指南。为此，在教材开发过程中，各位编委对本学科的学科核心素养也给予了充分关注，在《标准》的解读中、案例的分析中、训练的任务中，对此都有不同程度的涉及与体现，为实现学科育人理念、发展学生的学科素养探索了具体的路径。

每一册教材的编写团队中都聚集了一批一线的骨干教师，他们边学习《标准》，边践行《标准》，并结合学科教学实践进行反思形成了鲜活的案例。可以说，他们是《标准》的首批实践者，也是培训资源的开发者，正是由于他们的深度参与，才使这套教材真正落实了"基于实践""基于问题"的价值追求，大大提高了教材的实践价值。

在教材开发的过程中，北京教育学院李晶教授等专家给予了我们一如既往的悉心指导。来自高校、教学一线的教授、特级教师作为学科专家指导团队，以他们的智慧为本套教材把关增色。借此机会，我们在此对他们付出的智慧和心力表示衷心的感谢。

由于"教师专业标准"还是一个尚待完善改进的领域，同时我们自身的水平和经验也有限，尤其是践行《标准》的有效实践还需要进一步加强，教材中必然存在着不甚妥当或值得深入探讨之处，诚挚期望得到专家和同行们的指正。

我们期待本套教材能在广大中小学教师教学能力的提升中发挥重要的作用，并在应用中不断完善。我们更期待，广大教师立足课堂教学实践，不断深度学习反思，持续提升教学能力，做学生锤炼品格、学习知识、创新思维和奉献祖国的引路人。

丛书编委：白雪峰

致学习者

学习，是人一生发展过程中的一个重要组成部分。随着个体踏出校门、进入职场学习并未停止，而是开启了一个崭新的学习征程。可以说，通过工作生活进行学习，寓工作于学习、寓学习于工作是成年人每天思想和行动的必然产物。

成人学习是基于个体经验和汇集个人经验的学习，需要学习者主动参与到课程内容中；教师的学习是懂教育的人的学习，需要学习者驾驭学习方法，达到比较高的学习境界。

依据智慧技能的形成过程，我们将学科教师培训分成"测、讲、摩、练、评"五个环节，通过完成智慧技能原型定向阶段与原型操作阶段的任务，强化各学科教师基于课堂教学研究的实践与反思，促进教师从原型定向阶段向原型内化阶段迈进。下面，我们就从上述五个环节分别为您的学习提出相应建议，以帮助您快速驾驭学习内容。

●测——前测。在每个专题培训的第一步，我们将和您一起找到您在该教学能力存在的问题，判断该能力所处的状态，以开始学习。这其中，有对一些教学事件的认同，有对问题的分析和判断，也有一些测试，目的就是一个：帮您找准自己学习的起点。

●讲——讲解。我们将基于具体的教学案例，围绕该项能力的一些表现行为进行理性分析，阐述行为产生的原因和导致的结果，阐释所表征的能力取向和能力发展层次。这些分析将使您对该项能力的含义获得更为深入的理解，对形成能力的合理行为有较高的期待。如果您实践跟进得快，边学习边实践，在这一阶段就能够获得提高。

●摩——观摩。在学习中会提供一些案例进行观摩，有些拿来就可以使用，但一定不要满足于拿来就用，更多的内容需要您边观摩边分析，在其背后寻找为什么，这样您获得的将不仅是一招一式，而是新的专业发展点和教育实践智慧的增长点。

●练——训练。方法技能的掌握和提升一定要通过训练才能实现。一方面，我们将在培训中安排模拟微型课堂进行教学技能的分解训练；另一方面，我们也有实践模拟训练。然而，训练时间是有限的，期望您从培训第一天开始，就将自己一线的课堂作为实训基地，不断尝试，不断分析尝试后的效果，不断提出改进方案，并开展新的尝试。同时，同伴老师可以帮助您进行观察和改进。

●**评——评价**。包括自评、互评等。训练是否有效需要进行针对性评价,发现自己的进步,明确现存的问题,清晰新的学习起点,这样才能开始新的一轮学习、反思和改进活动。当然,您会在这样的反复中获得自我提升的方法。您将学会主动的发现问题,通过自主学习过程解决问题。这一系列解决问题能力的提升才是培训的最终目的。

本教材提供的观摩案例,给您留下了很多思考的空间,也提供了很多训练方法的指导、训练内容的点拨,愿它伴随您这一段时间的学习,成为您的良师益友。

亲爱的教师朋友们,我们正处在一个学习的时代,一个"互联网+"的时代。我们的职业又是一个特别需要终身学习的职业。让我们勇于面对新的挑战,不断基于实践提出新的学习任务,在战胜挑战后,我们还迎接更新一轮的挑战,而唯有学习才是应对各种挑战的制胜法宝。

这就是教师的职业。

目录 CONTENTS

专题一　认真准备学习资源

学习目标

理解：学习资源准备过程中应遵循的原则。

学会：能根据教学任务的需要，对学习资源进行分析和准备。

掌握：学习资源的准备策略和分析思路。

运用：能根据学生的学习过程，合理选择必要的学习资源。

问题提出

学习资源是辅助学习者进行有效学习的一种手段，认真准备学习资源是课程设计与实施过程中的重要环节。下面请您参与我们的活动，谈谈您对学习资源的认识。

◆调查内容

您认为以下内容，哪些属于学习资源？

A. 黑白板　　　　B. 多媒体设备　　　C. 任务书　　　D. 评价单

E. 录像机或光盘　F. 讲义　　　　　　G. 照片　　　　H. 连环画

I. 游戏　　　　　J. 投影仪

您的选择：_____。

◆分组讨论

请看下面的案例，谈谈您对案例中学习资源准备情况的看法和启示。

案例

迷你小台灯的制作

课程名称：楼宇电子技术基础与技能训练

学习单元名称：迷你小台灯的制作

教学对象：楼宇专业高一年级学生

单元学习目标：

（一）知识目标

1. 了解发光二极管的工作原理

2. 了解并联电路

3. 了解迷你小台灯的工作原理

（二）能力目标

1. 会画发光二极管的图形符号

2. 能正确识别发光二极管的正负极

3. 会正确使用万用表对发光二极管进行检测

4. 能够熟练使用电烙铁

5. 具有一定的电路设计能力

（三）情感态度价值观

1. 学生在对元件认真检测的过程中养成良好的职业习惯

2. 学生在电路设计的过程中逐步形成创新意识

3. 学生在正确使用电烙铁的过程中逐步养成安全意识

学习资源：

1. 学习页

2. 考核评价表

3. 教学录像

4. 实训操作台及配套设备、工具

5. 校本教材

6. 学习指导书

7. 小组活动文件资料

上述案例给您带来的启示是：_____

_____。

◆自主案例分析

请看下面教学案例中学习资源准备内容，谈谈您的看法。

▎▎▎ 案例

西餐零点点菜服务

课程名称：西餐零点服务

课题名称：西餐零点点菜服务

教学对象：饭店服务与管理专业高二年级学生

教学目标：

（一）知识目标

1.体验认识西餐零点点菜服务流程

2.领悟零点点菜服务要领

（二）能力目标

1.运用已获取的点菜服务的学习，尝试选择恰当周到的服务方式为客人提供服务

2.能运用西餐点菜知识，在点菜服务中按照流程向客人推荐菜点和酒水

（三）情感态度价值观

在与同伴协作完成点菜服务的过程中，感悟点菜服务技巧，感受西餐文化，体验为客人提供满意服务的成就感

学习资源：

1."西餐点菜服务"任务书

2."西餐点菜服务"实训评价表

请您谈谈该案例中教学资源准备情况是否充足？如果不够充足应该如何进行修改？

对"认真准备学习资源"能力要点的解读

《北京市朝阳区职业高中专业教师教学能力检核标准》对"认真准备学习资源"的检核标准见表1-1。

表1-1 "认真准备学习资源"的检核标准

能力要点	合 格	良 好	优 秀
认真准备学习资源	根据单元教学任务的需要，准备好学习资源，如任务书、工作页/学习页、课业手册、检测单等	能够根据单元教学设计的需要，设计相关的学习资源，如任务书、工作页、课业手册、检测评价单等	根据学习单元的教学目标，设计符合行动导向、体现学生主体的学习资源，如任务书、工作页/学习页、课业手册、检测评价单等

一、什么是准备学习资源

1. 学习资源

广义的学习资源可以定义为在学习过程中能够被学习者利用的一切要素的总和，包括信息、资料、设备、人员、场所等诸多要素。自从 20 世纪 30 年代以来，视听教育方兴未艾，新媒体种类不断涌现，媒体应用日益广泛，到 20 世纪 70 年代，媒体已经成为教学过程中师生沟通的中介要素。鉴于此，美国教育传播与技术协会（AECT）首次提出了学习资源的概念。

按照资源的完备与适用程度，学习资源又可分为设计资源和可利用资源。所谓设计资源，是指以教育教学为目的，专门开发设计的资源，包括文字教材、录音带、录像带、多媒体课件等；而可利用资源，是指那些本来并非为教育教学目的而专门设计，但被发现具有一定的教育利用价值，因而用于教学服务的资源，如软件工具、音像资料以及多种多样的网上信息资源等。无论是设计资源还是可利用资源，都是学习资源的重要组成部分。

2. 学习资源在学习过程中的作用

学习资源是专业课教学实施的重要保障，可以有效支撑教学设计的实现，辅助学生完成各教学环节，拓宽学生视野，帮助学生加深对学习内容的记忆和理解，对学习情境的创设、良好学习氛围的营造和学生学习兴趣的提高都具有促进作用。此外，工作页、任务书、评价单等学习资源，是带领学生"学"和"做"的重要载体，贯穿于课程实施的全过程，起到引导、评价和实时记录的作用。信息化学习资源的有效利用，可以有助于教学重点的突出和教学难点的突破。

二、学习资源的分析思路

在进行学习单元整体设计时，一定要认真考虑学习资源。可以按照以下思路对学习单元中所需的学习资源进行分析：

（1）本学习单元选取了怎样的教学载体？使用到了哪些设备和工具？学习环境怎样设置？

（2）本学习单元引入了哪些行业企业标准和文件，依据教学设计方案，开发和转化成了哪些学生学习资料和文件？

（3）本学习单元需要哪些信息化资源辅助教学？

（4）本学习单元在课堂教学过程中会形成哪些生成性资源？

（5）本学习单元在实施教学过程中，学生还会用到哪些学习用具？

三、学习资源的开发与设计原则

现代教育的理念认为，学习资源的选取必须遵循以下基本原则。

1. 职业性原则

学习资源的开发与设计必须遵循"以就业为导向，以能力为本位，注重岗位技能培养，与就业准入制度接轨"的职业教育原则，并与工作过程导向课程的定位与目标、内容与要求、教学过程与评价等要素相结合，努力营造真实或仿真的职业环境，注意形成自身的"企业文化"氛围，重视学生职业素质的培养，强化学生的安全、质量意识。

2．优先性原则

学生需要学习的东西很多，远非学校教育所能包揽，因而，必须在可能的学习资源范围内和在充分考虑课程成本的前提下突出重点，精选那些对学生未来职业发展具有决定意义的素材性学习资源，使之优先得到运用。

3．适应性原则

学习资源的选取必须适应职业学校课堂教学特点，适合学生的认知规律、身心特点，必须以促进学生知识、能力、情感等潜质的开发为根本出发点。

4．科学性原则

学习资源的选取必须有一个科学的态度。一方面，学习资源特别是那些涉及客观知识的素材性资源的选择，要注意它的真实性和可靠性；另一方面，又要注意打破对包括教材在内的学习资源的迷信，宽容和培养学生对学习资源的质疑精神。

5．兴趣性原则

任何学习资源的选取都必须考虑是否能激发学生的内驱力，产生学习兴趣。"知之者不如好之者，好之者不如乐之者"，兴趣是最好的教师。在课堂教学中，一旦激发了学生的学习兴趣，其思维就会激烈碰撞，产生难以想象的创造力。

6．广泛性原则

除依托教材，挖掘学生、教师等资源外，我们还应建立大的学习资源观，广泛课程资源相互配合，借助现代化的视听技术、信息技术和互联网技术，高效、便捷地为学生提供开放的学习资源。

四、学习资源的准备策略

为了充分准备学习资源，让企业、教师、学生、家长的职业经验、学习经验、生活经验进入教学过程，让科学和技术的手段进入课堂，激发学生学习的积极性和主动性，让学生从被动的知识接受者转变为知识的共同建构者，我们可以采取以下策略。

1．引入企业资源

从行业企业引入的资源可大致分为两类：一类是可以直接用于辅助学生学习的资源，如学生学习过程中需要的国家或行业企业标准、企业技术资料、案例分析资料等；另一类是需要经过教学化处理后才能使用的学习资源，这类资源需要教师在典型工作任务的基础上，将来源于企业生产、建设、服务、管理等一线的资源，按照典型工作任务的工作过程要素特性进行教学化处理，设计出可以用于学生学习的资源。

2．教材二次开发

教师要创造性地使用教材。教师要融入自己的专业知识与技能，结合行业企业新知识、新工艺、新设备、新技术、新材料、新标准，对教材内容进行教学重组和整合，选取更好的内容对教材进行深加工，有效地将教材的知识激活，形成有教师教学个性的教材知识。既要有能力把问题简明地阐述清楚，同时也要有能力引导学生去探究，培养学生自主学习与合作学习的能力。

3．融入信息技术

促进信息技术与课程的整合，逐步实现教学内容的呈现方式、学生的学习方式、教师的教学方式和师生的互动方式的变革，充分发挥信息技术的优势，为学生的学习和发展提供丰富多彩的教学环境和有利的学习工具。

4．课堂生成资源

在平时的教学过程中，尽管教师课前会预测学生的信息走向，并预备、集中不同的教学方案，但在实际教学中，由师生互动、生生互动生成的资源是师生心智活动的产物，生动鲜活而充满灵性，它稍纵即逝，可遇不可求，教师应把握机会，引导学生对生成的资源进行进一步的挖掘，实现学习资源的优化与重组。课堂生成的学习资源既可以在当堂使用，又可以作为新的学习资源用于后续的课堂教学。

5．借助其他社会资源

在学习资源的开发、整合过程中，除了需要发挥教师的主导作用外，还可以发挥学生和家长在学习资源开发中的作用。学生是学习资源开发的参与者，要挖掘学生在工学交替、顶岗实习过程中生成的学习资源，为学习资源的开发服务。由于家长与社会接触面广，有其自身的职业优势，他们可以带领孩子进行学习资源的开发和利用活动。因此，教师可以鼓励学生和家长发挥自身特长，积极参与到学习资源的开发过程中。

五、准备学习资源的构成要素

根据《北京市朝阳区职业高中专业教师教学能力检核标准》对"认真准备学习资源"的检核标准，确定准备学习资源的关键要素见表1-2。

表1-2　认真准备学习资源的关键要素

能力要点	关键要素
认真准备 学习资源	1.学习资料准备 2.学习环境准备 3.设备工具准备

1．学习资料准备

学习资源的准备应从职业教育的目的出发，以职业工作岗位工作任务为导向，是学生结合解决生产工作任务过程与学习过程结果的真实记录，具有鲜明的职业教育特色，主要包括以下两种类型：

（1）媒体类学习资料。

如学生在学习过程中所需的信息化教学平台、仿真软件、多媒体课件、QQ、微信、音视频文件、试题库等；

（2）文本类学习资料。

如学生用到的学材、学习页、工作页、引导文、任务书、评价单、实训指导书等，具体形式可参考附录1~附录5。

2.学习环境准备

职业学校的学习环境在环境布置、设备配置、文化氛围、管理模式等方面应与生产、建设、管理、服务等第一线相一致，充分体现规范性、先进性和实效性，形成真实或仿真的职业环境。在行动导向的教学中，学生有机会亲身经历和了解现代企业生产组织管理的全过程，能身临其境地感受企业的文化与氛围。

在职业教育行动导向教学中，起主导作用的是进行理论实践一体化教学和技能训练的实训室。学生在实训室内进行与未来职业紧密的技能训练与理论实践一体化的学习过程中，应注重质量意识、安全意识、程序化意识和标准化意识的培养，在学习中借鉴国家标准与行业企业标准，强调技术的应用与训练的实效性。

实训教学承担着培养学生职业能力与职业素养的重要任务，相对于其他类型的教学，实训教学对于学习环境的依赖性更大，可以说，离开了具体的、专门的实训环境，相应的实训活动就无法顺利开展。学习环境的布置对学习效果具有很重要的影响，在正式开始学习之前，应该创设良好的学习环境。在这种环境下，学习的一切活动将有积极的导向性，最终达到教学的最佳效果。为了营造这种学习环境，可以从以下三个方面着手准备：

（1）营造实物模拟环境。

传统的实训环境多数采用这样的技术路线，即通过"实物"来模拟生产或是服务的现场，例如，职业学校的钳工实训室等。随着各级各类实训基地建设工作的推进，以及企业参与教学的不断深入，一些工厂的车间搬入学校，成为实际意义上的实训教学环境，即"学校车间"，这样的教学环境与生产现场之间已没有实质性的区别。

（2）营造虚拟仿真环境。

通过"软件"技术的虚拟，其典型特征是计算机技术与信息技术的高度参与，通过虚拟现实等技术来虚拟生产与服务的环境，或是生成虚拟化的任务与角色，其环境中的关键成分是计算机以及相应的软件系统。目前，职业院校的各种仿真实训室以及电脑游戏性质的实训环境即属于此类。

（3）营造虚实结合环境。

虚实结合教学环境的营造是将实物模拟与虚拟仿真两种形式有机地结合起来，通过计算机硬、软件技术与实物加以实现。从结合的紧密程度上看，一种是物理意义上的简单组合，而另一种则是技术状态下的整体融合。

（4）利用生产性实训环境。

此类实训环境是为某个职业（专业）设计的，融合该职业全部或多项职业功能为一体的教学场所。它的突出优点是能将学习场所与工作环境整合起来，学习环境与实际工作情境的一致性较高。在此，教师可以设计一些内容复杂、要求全面的综合性学习任务来培养学生的综合职业能力，从而保证职业教育的系统性和全面性。

在生产性实训环境中，可以设计一个包含完整工作过程的工作（学习）岗位，学生可在不影响他人的情况下，随时打断工作进行学习，真正做到通过工作实现学习。由于不存在流水生产线上的时间压力，工作和学习进程有较大的自由度。

在生产性实训环境中，可以让相同专业或者多个专业的学生共同生产一个产品、维护一套设备或完成一项综合的学习任务，拓宽学生的知识面和职业能力，将技术技能型人才的直接功能（生产）与间接功能（计划、控制、检验和经济核算等）联系在一起，全面提高学生的综合职业能力。

3.学习工具准备

学习工具是学习者为了与学习环境要素进行有效互动而使用的中介手段，是参与学习活动，并在其中承担一定认知功能的任何工具。其主要包括两类：一类是学习设备和工具，包括智能手机、台式电脑、笔记本电脑、iPad、云平台等；另一类是实习设备和工具，包括实训设备、实验设备、仪器仪表、安全护具等。随着多媒体设备、网络技术的发展，一些学习工具本身已经成为一种学习方法，所以，在选择学习工具的同时也完成了学习方法的选择。

 **案例分析**

案例1

减肥客人的营养点菜服务
（本案例由北京市黄庄职业高中　童婷提供）

课程名称：中餐服务

教学对象：酒店服务与管理专业高一年级学生

教学目标：

（一）知识目标

理解为减肥客人搭配菜肴的原则

（二）能力目标

1.能运用为减肥客人搭配菜肴的原则，合理搭配菜肴

2.能针对客人减肥需求推荐适宜菜肴

（三）情感态度价值观

了解人们追求健康饮食的消费心理，培养为顾客个性化服务的意识

学习资源：

学习资源准备表			
关键要素	类 型	内 容	评 析
学习资料准备	媒体类学习资料	数字化点菜教学平台、肉末茄子制作录像、企业优秀点菜录像	借助平台中丰富的数字化学习资源、便捷实用的电子学习工具，解决了营养点菜服务中的实际困难，提高教学效率，实现了多元综合评价
	文本类学习资料	任务书、评价表、菜肴原料组成介绍与营养成分说明	
学习环境准备	虚实结合实训环境	多媒体中餐实训教室	为学生营造一个贴近未来实际工作的真实学习环境，帮助学生快速进入角色，提升自身服务水平，适应行业的发展要求
学习工具准备	学习设备和工具	iPad 平板电脑	辅助学生顺利完成学习任务
	实习设备和工具	中餐厅实训台、菜单	

学习资源图例

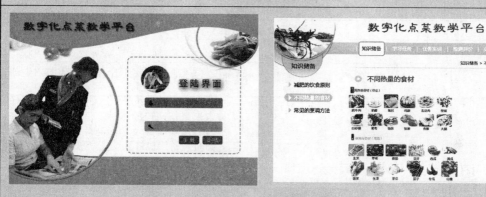

///// 案例2

《数字显示时钟的制作与调试》

（本案例由北京市电气工程学校　冯佳提供）

课程名称：电子技术基础与技能实训

教学对象：电子与信息技术专业高一年级学生

教学目标：

（一）知识目标

1. 掌握数字显示时钟的组成结构

2. 理解数字显示时钟的电路原理

（二）能力目标

1. 能按照实际操作流程进行数字显示时钟的装配与调试

2. 能按照电路故障检修步骤，准确判断并排除典型电路故障

（三）情感态度价值观

在装配与调试过程中，体验岗位操作流程的严谨性，严格遵守操作规范的职业意识，树立产品质量意识，强化安全生产意识

学习资源：

学习资源准备表			
关键要素	**类型**	**内容**	**评析**
学习资料准备	媒体类学习资料	电子技术基础与技能实训网络学习平台、Flash动画、元器件检测操作视频、焊接操作视频、整机装配操作视频	引入企业真实工作任务，帮助学生体验岗位操作流程，了解产品质量管理，熟悉6S企业规范，达到培养学生胜任未来工作岗位的目标。借助网络学习平台的多项资源及学习功能，营造了一个同时具备岗位体验功能、教学实施功能、学习效果评测功能和实时互动交流功能的学习环境，解决传统实训教学中存在的问题，实现了学习与实操的结合。借助产品制作流程和真实数字显示时钟产品激发学习兴趣，以多媒体资源引领学习过程，适时采用动画、游戏等促进主动学习的手段，将做、学、玩有机结合在一起，使学生在各关键阶段都能保持旺盛的学习精力
	文本类学习资料	实训预习报告、任务书、个人实训报告、个人实训成绩单、实训评价表、通用电子产品生产工艺作业流程、生产计划单、领料单、元器件检验记录表、元器件检验规范、企业6S标准、焊接操作规范、装配操作规范、整机检验标准、电子行业标准（SJ/T 10694–2006）、板卡测试工艺	
学习环境准备	虚实结合实训环境	电工电子多媒体实训教室	贴近学生未来真实工作情境，强化学生企业员工意识
学习工具准备	学习设备和工具	多媒体电脑	辅助学生学习资料的阅读，实现数字钟实物的制作
	实习设备和工具	YL–135型电工电子实训台、电烙铁、改锥、镊子、尖嘴钳、防静电腕带、数字万用表、双路稳压电源、通用示波器、电子计数器、频率计	

续表

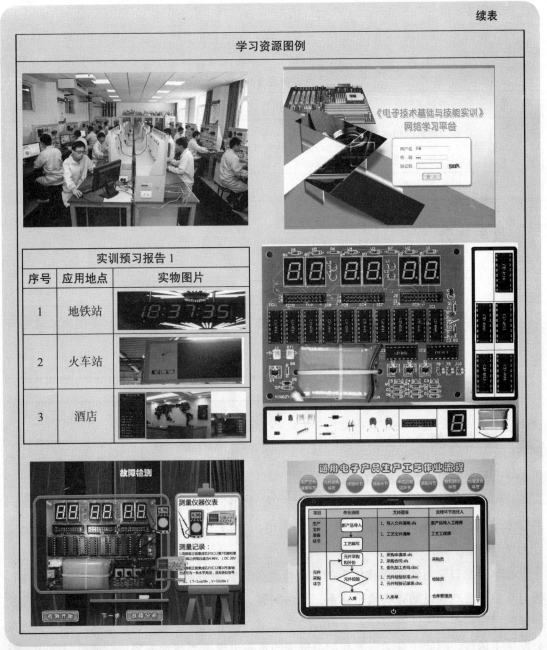

能力训练

学习资源是专业课实施的重要保障。请您结合自己的所授课程，依据课程标准，结合教学内容及学生的特点，运用本专题所学知识，完成以下能力训练内容。

课程名称：

课题名称：

教学对象：

教学目标：

学习资源：

学习资源准备表

序　号	关键要素	资源类型	资源内容
1	学习资料准备		
2	学习环境准备		
3	设备工具准备		

反思提升

1. 本专题的学习要点是：＿＿＿＿＿＿＿＿＿＿＿＿＿＿＿＿＿＿＿＿＿＿

＿＿＿＿＿＿＿＿＿＿＿＿＿＿＿＿＿＿＿＿＿＿＿＿＿＿＿＿＿＿＿＿。

2. 通过学习，您现在对"认真准备学习资源"的理解，在哪些方面有了提高？请结合教学实例谈一谈自己的体会。

3. 您对我们的宝贵建议是：＿＿＿＿＿＿＿＿＿＿＿＿＿＿＿＿＿＿＿＿

＿＿＿＿＿＿＿＿＿＿＿＿＿＿＿＿＿＿＿＿＿＿＿＿＿＿＿＿＿＿＿＿。

阅读材料

一、教学资源与学习资源的辩证关系

教学资源与学习资源在资源信息载体上具有共同性。例如，文字材料、录像带、录音带、多媒体课件等载体形式，既可以为教师教学所用，构成教学资源，也可以为学习者学习服务，成为学习资源。

教学资源与学习资源除载体上的共同性之外，其服务教学的共同性也是不言而喻的。教与学双边活动相互间存在紧密联系，无法割裂。在传统教育模式中，教师过多地主导教与学的过程；在今天的教育中，学习者的学是主，教师的教是辅，也就是说，教与学的重心发生了偏移。因此，教学资源和学习资源的重心也理所当然地需要进行调整与变化，资源建设的出发点应各有侧重，侧重点的倾向性为两者的差异所在。即一方面，二者的直接服务主体有所不同。教学资源是直接为教师的教学活动提供服务的，实现教学目的是它的最终目标；学习资源是直接为学习者实现自主学习服务的。另一方面，在设计上，教学资源体现的主要是教学特色，学习资源体现的是自学助学特色。学习资源比教学资源更加强调学习过程，强调通过设计完整的学习过程帮助学习者充分、有效地利用资源，实现最终的学习效果。

二、学习资源建设的重点考虑因素

教师作为学习资源设计与建设的中坚力量，应当坚持"以学习者为中心"的原则，从有利于学习者学习的角度出发，避免将学习资源建设成为教学资源。为此，在资源设计与建设时，应特别对以下几方面给予关注。

1. 资源的粒度

学习资源的粒度是对学习资源的大小、尺度以及详细程度等特征的标准化描述。学习资源的粒度决定了学习资源的重用频率与效率、制作人员的工作量以及资源传输、交换与共享的便利性。

粒度过大的资源信息量大、重用效率高，但资源的重用频率较低，资源开发人员的工作负担往往较重；粒度过小的资源虽然重用频率高，便于传输与共享，但相对信息量小，重用效率低下。因此，大、小粒度的优缺点客观且明显。

以录制一节流媒体课件为例，如果流媒体课件时间过长，未必便于学习者在工作之余全部观看学习；反之，时间较短的流媒体课件，以其针对性较强，知识模块化、案例化、专题化的特点，更能够吸引学习者。

再以制作一门网络课程为例，网络课程是通过网络表现的某门课程的教学内容及实施的教学活动的总和。网络课程要求栏目多样，内容丰富，有利于学习者经常浏览。网络课程可以说是小分子组成的大颗粒，粒度大小应当取决于学习内容的规模。因此，有必要视具体情况分别选取大粒度、中粒度和小粒度的资源，以发挥各种粒度形式资源的最大优势。

2. 学习者的参与度

首先，现有的绝大部分资源是由专家或教师建设并提供的，没有师生共同参与建设的资源，因此，缺乏学习者对课程知识的独特理解、阐释、质疑、批判和创新环境。毕竟，学习资源是为学习者而建设，学习资源的建设应当充分考虑学习者的意见，让学习者参与选择、评价、表达意见，这样才能够激发学习者自主学习的热情，而不是仅仅由教师根据自身的设计理念、个人兴趣而制作产生。

其次，因学习资源建设过程中缺乏学习者的参与，学习者的理解将会限制在教师提供的框架范围内，阻碍学习者创新能力的培养。学习者参与学习资源建设也是他们思考、学习和实践的过程。在资源的设计和建设过程中，学生可以通过搜集信息、整理资料，获取和运用知识，发挥自身的想象力和创造力，挖掘自身的思维潜能。

最后，学习者从事的工作往往与其所学专业有密切联系，有的学习者实践经验非常丰富，他们在自己的工作岗位上获得的第一手资料和积累的实践经验是非常值得与教师和同学交流和分享的，这些资料和经验可以转化为有使用价值的学习资源。

3. 资源的便捷度

学生在建设学习资源时，应当充分考虑学习者的学习习惯，为学习者的学习提供便利。

因此，既要在学习资源设计过程中考虑选择便利的网络传播载体，又要在学习资源建设中配套相应的支持服务。

目前，学习者利用网上学习资源学习的方式主要是通过电脑上网进行的，随着信息技术的发展，手机上网已经逐渐走进人们的生活，成为一种方便、快捷、有效的信息传播方式。学习资源完全可以充分利用这一媒介，为学习者提供学习支持服务。这样，学习者便可以在任何时间和地点，通过手机上网，利用网上学习资源进行学习。而且在时间和空间上，手机上网比电脑上网更为便捷。

4. 资源的交互性

交互性是一个很重要的特征。根据媒体在教学中的不同作用，交互性可分为教学系统的交互性和学习资源的交互性。教学系统的交互性是指媒体能够支持人与人之间相互通信与作用的能力和特性。目前，教学系统的交互性基本上能够实现，比如学习者与教师之间、学习者与学习者之间的交互可以通过 QQ、MSN、E-mail 或者 BBS 等来实现。所谓学习资源的交互性是指学习资源能够引起与学生相互作用的某一个或某一些品质。目前，学习资源交互性相对比较匮乏，在学习者使用资源的过程中，能够使学习者对学习资源呈现的学习信息作出积极、公开的反应，同时资源也可以依据学习者的反应作出相应变化的设计还并不多见。

增强学习资源的交互性很重要的一点就是要有一定的设计和技术支撑。在实践中，可以进行情境设计，设计出仿真的学习环境。在这种情境下，学习者在获取知识的过程中，能够与学习资源进行互动，依据彼此的反应作出回应。这样，不但可以提高学习者学习的兴趣和热情，还可以提高学习的效率。

附　录

附录1

评价单
（本案例由北京市外事学校　汪珊珊提供）

实训项目	操作要求	评价等级			奖励
问候客人	☆1. 有礼貌地问候客人	A	B	C	
	☆2. 自我介绍	A	B	C	
	3. 音量适中，语气亲切	A	B	C	
呈递菜单	☆1. 在客人一侧，上身微倾	A	B	C	
	☆2. 将菜单第一页打开，……	A	B	C	
接受点菜	……	A	B	C	
复述确认	……	A	B	C	
礼貌致谢	……	A	B	C	
综合评价	1. 组内成员协调合作	A	B	C	
	2. 操作规范、有序	A	B	C	
	3. 服务细致、周到	A	B	C	
	4. 能及时发现问题、应变能力强	A	B	C	
评价等级	优秀	良好		合格	不合格
说明	1.10~14个A为优秀，7~9个A为良好，6个以上A为合格，不足6个A为不合格 2.☆代表职业资格标准中的要求				

附录 2

学习页
（本案例由北京市电气工程学校　权福苗和金艳提供）

写一写：元件识别

1. 发光二极管的国标图形符号＿＿＿＿＿＿＿＿＿＿＿＿＿＿，并标注极性和文字符号。

2. 发光二极管具有＿＿＿＿＿＿＿＿＿＿＿特性，这种特性是所有二极管都具备的。

3. 自学查询

利用网络或书籍，查询下列二极管的名称，并准确填于图表内。

实　物	名　称	符　号
……		

练一练：元件测量

1. 测量 15 只发光二极管。

发光二极管	测量档位	正向阻值	反向阻值	综合判断
LED1				
LED2				
……				
LED15				

2. 测量船型开关。

船型开关	测量档位	正向阻值	反向阻值	综合判断
S				

3. 测量 2 节 1.5V 电池是否有电。

电池	测量档位	测量电压	综合判断
EC1			
EC2			

做一做：迷你小台灯的组装

1. 在网孔板上，根据原理图设计电路。

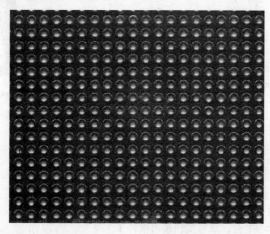

2. 外壳设计所需材料清单。

序 号	材 料	备 注
1		
2		
3		
……		

附录3

任务书
（本案例由北京市电气工程学校　冯佳提供）

数字显示时钟的制作与调试任务书		
任务内容	数字显示时钟的电路板焊接、装配与调试和故障排除	
任务要求	功能要求	（1）能使用外接 +5V 直流电源供电； （2）接通电源后，能按照 24 小时制，数码管分别显示小时、分钟、秒钟； （3）能使用调时开关对显示时间进行手动校时
	步骤要求	（1）按照手工焊接工艺标准进行电路板焊接； （2）按照数字钟的功能要求进行装配与调试； （3）按照故障检修流程进行故障排除
任务成果	1	制作与调试好的数字显示时钟
	2	检修好的数字显示时钟功能电路板
	3	个人实训报告
任务准备	1. 寻找日常生活中的 LED 数字显示时钟，并以图片形式上传至学习平台，填写实训预习报告1	实训预习报告1
	2. 根据本次实训元器件清单，在平台学习资源区借助实训包，了解集成电路的功能、用途和引脚图等信息，并填写实训预习报告2	实训预习报告2
分析任务	参照《通用电子产品生产工艺作业流程》，结合已有制作经验，分组研讨，并挑选出制作数字显示时钟所需的项目环节	
	流程拼图（Flash）	
	实际操作流程	

续表

数字显示时钟的制作与调试任务书					
制作准备		1	根据《生产计划单》,填写电子版《领料单》,熟悉生产领料流程		生产领料流程《生产计划单》《领料单》
		2	在"我的工具箱"中挑选出将要使用的工具和仪器仪表		我的工具箱（Flash）
		3	根据元器件清单清点、分类、检测元器件,在"元器件检测记录表"中填写检测结果		元器件检测记录表
实施任务	电路板焊接	了解静电危害	（1）根据预习内容,借助论坛研讨 CD4000 系列集成芯片的特点;（2）自行阅读电子行业标准;（3）观看预防静电的演示动画		电子行业标准 SJ/T 10533 SJ/T 10630 SJ/T 10694
		平台模拟焊接	实际操作前,模拟元器件插装工序和焊接过程,并接受平台检测,合格后方可进行实物焊接操作		模拟焊接（Flash）
		小组技能比拼	**竞赛规则:**按照焊接要求,在焊点全部合格、插装位置全部正确的前提下,用时最短的学生胜出,成为本组质检员		
			焊接要求:（1）安全用电注意事项;（2）严格遵守焊接操作规范;（3）焊接操作时间为30分钟		
		焊装检验评价	自检	检测结果	检测人
			（1）焊点适中,无漏、假、虚、连焊	□合格　□不合格	......
			（2）焊点光滑、圆润、干净	□合格　□不合格	
			......	......	
			（15）佩戴防静电手环	□合格　□不合格	
			复检	检测结果	检测人
			（1）焊点适中,无漏、假、虚、连焊	□合格　□不合格	
			（2）焊点光滑、圆润、干净	□合格　□不合格	
			......	......	
			（15）佩戴防静电手环	□合格　□不合格	
			电路板照片	正面:	反面:

续表

数字显示时钟的制作与调试任务书					
	焊接问题反思	思考讨论照片中电路板的焊接工艺是否符合规范要求			
		......			
	整机测试	......			
总结提升	自评	□优秀 □合格 □不合格	互评	第一组	□优秀□合格□不合格
				第二组	□优秀□合格□不合格
				第三组	□优秀□合格□不合格
				第四组	□优秀□合格□不合格
				第五组	□优秀□合格□不合格
	请结合自己的制作经历，从"做"和"学"两个方面进行总结				
	做	（1）数字显示时钟的制作与调试可分为哪几个阶段？ （2）在制作与调试的各个阶段取得了哪些成果？ （3）在制作与调试的过程中遵守了哪些标准规范			
	学	（1）数字显示时钟由哪几部分组成？ （2）数字显示时钟各部分功能电路的作用。 （3）电路故障检修思路。 （4）数字显示时钟包含哪几种典型电路故障			
课后作业	延续作业	完成数字显示时钟典型电路故障"虚拟检修"中剩余的练习内容			虚拟检修（Flash）
	拓展作业	借助平台提供的拓展学习资源包，了解数字显示时钟的不同制作方法，提交电子版学习报告			学习报告

附录4

引导文

（本案例由上海市振华外经职业技术学校　冯国群提供）

课题：婚礼跟妆——新娘妆

一、导言

作为一名化妆师，经常要参与庆典活动化妆工作，尤其是婚礼跟妆，已经成为我们化妆师日常工作的重要组成部分。您和其他同事将一起针对一次虚拟的婚礼活动进行计划和准备工作，并展示你们的新娘妆作品。在此过程中，你们的跟妆服务要符合行业和社会的惯例，并符合新娘的特殊要求和个人特点。

本引导文帮助您去认识、了解跟妆服务过程，满足客人的需求，明确哪些方面是化妆师在跟妆服务中必须考虑的，化妆师与客人以及婚庆策划人员的具体沟通协调具有怎样的重要意义等。

二、学习目标

针对婚礼流程，指导自己的跟妆流程；了解跟妆过程中的妆面种类和要求；重点掌握新娘妆的化妆技巧；了解跟妆工作所需的化妆用品和饰品；了解与客人以及婚庆策划人员的沟通内容；检验和评价工作结果。

信息资料来源：

1.书籍：上海市职业技能鉴定中心公布的《化妆师五级程序化实施方案》（20080715），中国劳动社会保障出版社 2008 年 1 月出版的《化妆师（初级）》，……

2.互联网资料。

3.专业教师的指导。

4.来自行业专业人士及其有婚礼经历的亲朋好友的咨询。

三、引导正文

准备：×××的婚礼跟妆服务。

1.您的任务是为 ××× 提供婚礼当天的跟妆服务。

请在下列信息中挑选出对于上述任务至关重要的信息：

□新娘的皮肤和脸型特征

□婚礼当天的气候和天气

□婚礼当天的行程和时间安排

□婚纱的样子

□婚宴的流程

□跟妆劳务费的计算

□……

经过您的团队讨论，列举出上述未提及的内容：＿＿＿＿＿＿＿＿＿＿＿＿＿＿＿＿＿＿。

2.跟妆的前期准备工作包括哪些？与新娘应具体沟通哪些内容？您可以为新娘提供哪些美容化妆方面的建议？

3.结合新娘的皮肤特点和脸部特征，请具体说明新娘的妆型特点与化妆技法。

4.根据婚礼当天的行程和时间安排，详细列出您的跟妆流程。

序号	时间安排	化妆地点	化妆类型	化妆对象	所需用品	备注
1						
……						

备注：

（1）化妆地点指新娘家、新郎家、酒店客房、外景地等。

（2）化妆类型指更新化妆、妆面类型、补妆内容等。

（3）化妆对象指新娘、伴娘、妈妈等。

5.列举婚礼当天您需要携带的物品。

（1）必需的化妆品：

（2）必需的化妆工具：

（3）必需的饰品：

6.在新娘试妆后，介绍您的新娘妆设计构思，解释说明您的建议，并记录新娘、新郎的意见。

7.与服务对象沟通收费情况，记录你们的协商过程，写出你们的具体收费方案。

8.与老师讨论您的跟妆方案，记录老师提出的修改建议。

9.请按照新娘妆的设计思路，模拟您在新娘家的首次新娘跟妆服务。

10.根据标准检查您的工作任务完成情况。

11.请您的老师给出您的评价结果。

附录5

工作页

学习单元二：通风监控定风量系统的检测、安装与维护		
项目名称：通风监控定风量系统的远程监控、维护		
任务名称	风机盘管系统的清洗	课时 1
信息来源：学生工作页、教师课件、实物及讲解		

一、实训环境
制冷实习室
二、实训设备
风机盘管、温控器
三、实训工具
十字改锥、4 mm 六角扳手、刷子、擦布、塑料箱、吸尘器
四、明确任务
请说出清洗风机盘管的目的：_____

五、分析任务
六、实施任务
提示：在清洗操作之前，需要试运行风机盘管看其是否能够正常运转
清洗步骤：
1.拆：蜗壳、风扇
（1）使用十字改锥将蜗壳的固定螺钉松开
（2）使用六角扳手将导向平键旋开
（3）将蜗壳与风扇从轴承上拆卸下来
（4）将蜗壳上的固定螺钉松开
（5）将风扇从蜗壳中取出

2.清：

（1）洗：风扇、蜗壳＿＿＿＿＿＿＿＿＿　　负责人：＿＿＿＿＿＿＿＿＿

（2）擦：外壳＿＿＿＿＿＿＿＿＿＿　　　　负责人：＿＿＿＿＿＿＿＿＿

（3）除：翅片缝隙尘土＿＿＿＿＿＿＿　　负责人：＿＿＿＿＿＿＿＿＿

安装之前应该进行擦干或风干

3. 装：

（1）将风扇装在蜗壳中

（2）将风扇蜗壳安装在轴承上

（3）导向平键固定（提示：导向平键要与轴承上的键槽对应）

4.调（提示：注意安全用电）：

通电调试，看清洗后的风机是否正常运转

七、总结任务

1.风机盘管系统的清洗分类

（1）日常清洗：＿＿＿＿＿＿＿＿＿＿＿＿＿＿＿＿＿＿＿＿＿＿＿＿＿

（2）中度清洗：＿＿＿＿＿＿＿＿＿＿＿＿＿＿＿＿＿＿＿＿＿＿＿＿＿

（3）深度清洗：＿＿＿＿＿＿＿＿＿＿＿＿＿＿＿＿＿＿＿＿＿＿＿＿＿

2.风机盘管系统的清洗工具

（1）滤网：

＿＿＿＿＿＿＿＿＿＿＿＿＿＿＿＿＿＿＿＿＿＿＿＿＿＿＿＿＿＿＿＿＿

（2）风机：

＿＿＿＿＿＿＿＿＿＿＿＿＿＿＿＿＿＿＿＿＿＿＿＿＿＿＿＿＿＿＿＿＿

（3）盘管翅片、凝水盘灭藻除菌：

＿＿＿＿＿＿＿＿＿＿＿＿＿＿＿＿＿＿＿＿＿＿＿＿＿＿＿＿＿＿＿＿＿

3.风机盘管系统的清洗步骤

（1）检查风机盘管的现状

（2）切断需要清洗设备的电源

（3）拆卸需要清洗的设备

（4）清洗滤网、风扇、翅片（药物浸泡、水清洗）

（5）风干设备

（6）安装还原

（7）试运行并验收

实操成绩		工作页填写成绩	
总成绩			

专题二　合理安排教学流程

学习目标

理解：合理安排教学流程的意义和作用。

学会：合理安排教学流程的原则、行动导向下教学方法的主要教学流程。

掌握：合理安排教学流程的要素、合理安排教学流程的原则、行动导向下教学方法的主要教学流程。

运用：依据教学内容和学生认知规律，遵循合理安排教学流程的原则，按照理论与实践一体化的要求，运用行动导向教学下的教学方法主要流程，合理安排教学流程，有效达成教学目标。

问题提出

教学设计是一个系统工程，在确定教学内容、明确教学目标后，就需要合理安排教学流程，以保证教学活动的顺利开展，有效达成教学目标。下面请您参与我们的活动，谈谈您对教学流程以及合理安排教学流程的认识。

◆调查内容

1．您是如何认识"教学流程"的？

A. 教学流程是教学活动的启动、发展、变化和结束在时间上连续展开的程序结构

B. 教学流程的各个阶段、不同环节分别构成一定的意义，完成一定的教学目标

C. 教学流程是根据教学设计总体思路，将准备在课堂教学中进行的所有活动进行梳理，形成一组逻辑相关的师生活动的组合

您的选择：_____。

您的补充：_____。

2．您是如何认识"合理安排教学流程"的？

A. 教学流程的安排就是在回答"如何教"这一问题

B. 合理安排教学流程必须以深入了解学生、透彻把握教学内容为前提

C.合理安排教学流程要求教师对教学内容的知识体系、内在联系有清晰的理解和认识

D.合理安排教学流程的要素有教学思路清晰、教学板块安排合理、各教学板块和教学环节之间有内在联系

E.合理安排教学流程要符合工作知识逻辑

F.在安排教学流程时要兼顾知识逻辑和学生认知逻辑,同时对时间安排预设合理

您的选择:_____。

您的补充:_____。

◆分组讨论

请您阅读下面的案例,在问题的引领下,以小组为单位展开讨论,并记录你们的讨论结果。

▰▰▰ 案例

学习创编幼儿傣族舞蹈《快乐的小孔雀》

教学流程:

(1)播放三个短片:

自然界的孔雀;舞蹈艺术家表演的孔雀;幼儿舞蹈中的小孔雀。

学生讨论:三者的区别是什么?

(2)知识拓展,特定情境教学。

特定情境:

"美丽的小孔雀去动物王国参加选美比赛;天刚下过雨,路又湿又滑,弄脏了小孔雀的羽毛;路过森林时,小孔雀有礼貌地和小动物打招呼;经过努力,美丽的小孔雀赢得了选美比赛的第一名,他高兴极了。"

教师进行动作示范,学生模仿、学习。

学生根据故事内容,分组创编《快乐的小孔雀》。

(3)分组展示,相互点评。

教师给出评分标准,学生进行评价。

(4)总结评价,反思提高。

学生总结:

舞蹈创编的技能要领;经过老师辅导,创编及表演有哪些提高。

教师总结:

制定发挥学生自主创编能力的方案;引领学生热爱中华民族文化艺术。

(5)布置作业。

学生查找新的傣族幼儿歌曲,创编舞蹈短句。

　　问题 1：你认为案例中的教学流程安排是否合理？为什么？

_____

_____。

　　问题 2：你认为教学流程的第 1 个环节"播放三个短片"与下面的教学环节是否有关联？

_____

_____。

　　问题 3：本案例的课题是"学习创编幼儿傣族舞蹈《快乐的小孔雀》"，如果让你设计，你会如何安排课堂教学流程？

_____

_____。

◆自主案例分析

请您阅读下面的案例，对案例进行自主分析并完成下面的问题。

▰▰▰ 案例

《Photoshop 形状、路径工具的运用》

【背景描述】

课题：Photoshop 形状、路径工具的运用

课程：Photoshop 平面设计

教学内容：Photoshop 形状工具、路径工作的使用方法；利用形状、路径工具制作冰棍包装袋。

学生情况：软件与信息服务专业高一年级学生。学生对 Photoshop 的兴趣浓厚，掌握了 Photoshop 常用选区工具、画笔和移动等工具的使用方法；掌握了在 Photoshop 中建立、编辑、保存文件的方法。

教学目标：掌握形状与路径工具的使用方法；制作"荔枝鲜冰"冰棍包装袋。

教学方法：任务驱动教学法

课时：2 课时

【教学流程】

教学环节时间分配	教学内容	教师活动	学生活动
复习旧知 （8 min）	Photoshop 常用选区工具的使用方法	提问学生 Photoshop 常用选区工具有哪些及其使用方法	学生回答问题

续表

教学环节时间分配	教学内容	教师活动	学生活动
新课导入（5 min）	Photoshop 形状、路径工具的运用	直接引出新课内容	聆听老师讲解，明确学习内容
新知学习（30 min）	Photoshop 形状工具组、路径工具组的使用方法	布置学生在工具箱中找出形状工具组、路径工具组	学生找出形状工具组、路径工具组
	Photoshop 形状工具组、路径工具组的使用方法	布置学生阅读学材——"形状与路径工具知识导读"，并按照知识导读中的示例练习形状与工具的使用方法	学生阅读知识导读。学生练习形状与路径工具的使用方法
实践演练（35 min）	制作冰棍包装袋	布置学生按照参考操作步骤运用形状与路径工具制作冰棍包装袋。巡视学生完成情况，展示共性问题并讲解	学生制作冰棍包装袋。聆听老师讲解共性问题
展示总结（10 min）	展示学生制作的冰棍包装袋。课堂总结	展示学生制作的冰棍包装袋并对学生作品进行评价。引领学生对学习内容进行总结	学生观看学生作品进行评价。学生对形状工具组、路径工具组的使用方法进行总结
布置作业（2 min）	完成知识导读中的知识检测	布置课后作业	聆听老师布置作业

问题 1：您认为本案例教学流程的安排环节是否完整？为什么？

_____

_____。

问题 2：您认为本案例教学流程的安排是否合理？为什么？

_____

_____。

对"合理安排教学流程"能力要点的解读

《北京市朝阳区职业高中专业教师教学能力检核标准》中对"合理安排教学流程"的检核标准见表 2-1。

表 2-1 "合理安排教学流程"检核标准

	合 格	良 好	优 秀
合理安排教学流程	能够完整安排符合逻辑的教学流程，教学重点突出，对时间安排有预设	能够安排符合工作过程知识逻辑的教学流程，教学重点突出，时间安排合理，能体现目标要求	能够合理安排符合工作知识逻辑的教学流程，体现突出教学重点、突破难点、实现目标的设计，时间安排合理

一、什么是合理安排教学流程

1．教学环节

教学环节是指课堂教学展开过程中相对独立或完整的教学阶段。

2．教学流程

教学流程是课堂教学从起点到终点的过程，是所有教学环节展开的过程。教学流程既包括教学环节之间的起承转合，也包括教学环节内部教学活动的展开过程。

3．合理安排教学流程

合理安排教学流程是指教师为达成一定的教学目标，选择适当的教学方法与策略，采用合适的教学手段，创设良好的教学环境，对教学活动过程进行的系统规划、安排与决策、对教学环节先后顺序进行合理的编排。

二、合理安排教学流程的意义、作用

教学流程是教学内容实施的蓝图。合理安排教学流程是指从课堂教学的起点到终点，依据学生的认知规律以及学习内容的内在逻辑，将每一个教学环节有序排列、合理安排，保证教学活动的顺利进行。合理安排教学流程是突出教学重点、突破难点、有效达成教学目标的重要条件。

三、合理安排教学流程的原则

1．认知发展参照原则

学习是一个认知活动、智力活动的复杂过程，教学的科学性主要体现在教学流程安排要符合学生的一般认知规律上。认知发展具有渐进性，因此，认知规律体现在教学上就是以学生为主体，学生的学习是从感知、领悟到积累、运用、形成的过程。

2．符合教学内容逻辑原则

合理安排教学流程，首先要分析教学内容之间存在的逻辑关系。教学内容一般存在因果关系、递进关系、并列关系、主次关系等相互关系。依据教学内容之间的逻辑关系，合理安排教学流程，有利于学生由浅入深、由具体到抽象地开展学习活动。

3．符合工作过程逻辑原则

职业教育教学过程具有实践性、开放性和职业性的特点，学生在学习过程中需要体验完整的工作过程。因此，在专业课教学目标中，既有学习内容要求，也有工作岗位要求。在安排教学流程时，要依据工作流程展开，符合工作过程逻辑，以突出对学生综合职业能力的培养。

4．循序渐进原则

在课堂教学过程中，教师安排的每个环节都必须循序渐进，不能超越学生实际，也不能难易无序。要依据学生的认知规律合理安排每一个教学环节，引导学生循序渐进地展开学习活动。

5.因材施教原则

学习环境是由学生个体组成的，每个学生都有自己的个性。教师在课堂教学中，既要面对全体，又要注意培养学生的个性，尽可能地给所有学生创造质疑和享受成功快乐的机会。因此，在安排教学流程时，要精心设计出不同程度学生可以参与的学习活动。

6.互动性原则

教学过程是师生互动的双边过程，缺少一方的主动参与，就是失败的过程。因此，合理安排教学流程，在教学实施中形成师生交流、生生交流的互动学习氛围，有助于促进学生有效地完成学习内容，促进学生提升各方面的能力。

四、合理安排教学流程的关键要素

根据《北京市朝阳区职业高中专业教师教学基本能力检核标准》对合理安排教学流程的检核标准，确定合理安排教学流程的关键要素见表2-2。

表2-2　合理安排教学流程关键要素

能力要点	关键要素
合理安排教学流程	1.教学思路清晰流畅 2.教学环节衔接紧密 3.教学时间安排合理

1.教学思路清晰流畅

一节课的教学流程就像一篇文章的结构，需要起承转合等清晰的脉络。执教专业课，更需要结构严谨、布局合理、符合学生认知规律和工程过程的课堂教学流程。作为专业课教师，要根据教学内容、专业特点和学生的认知情况，做到教学思路清晰流畅。教师环环紧扣、学生步步深入，师生在自然而然中共同实现教学目标。

2.教学环节衔接紧密

专业课教学往往既有总的教学目标，也有分层目标；既有学习内容要求，也有工作岗位要求；既有重点内容，也有辅助性知识。与这些目标的达成相对应的是教学活动的环节划分，教学活动形式的确定，并依此安排教学内容的轻重与详略。这就需要在安排教学流程时，每一个教学环节之间要有内在联系，上一个教学环节应为下一个教学环节的学习服务。这种内在联系既要体现教学内容的内在知识逻辑，又要符合学生的认知规律。

3.教学时间安排合理

课堂教学时间是有限的，在安排教学流程时，要根据教学内容、教学的重点和难点统筹规划课堂教学时间，合理分配"教"与"学"的时间比例，把握好课堂教学的基本节奏，对每一个教学环节都要预设时间安排。同时，还要考虑课堂生成，留出弹性空间。

五、行动导向教学模式下常用教学方法的主要教学流程

行动导向教学以建构主义的学习原则为基础，教师不再是知识与技能的传授者，而是更多地作为教学的咨询者和课堂教学的主持者。行动导向教学以工作过程的各个环节设计教学内容，以工作过程主线安排教学内容。在教学实践中，被广为使用的行动导向教学模式下的教学方法有任务驱动教学法、项目教学法、案例教学法、角色扮演教学法、引导文教学法。

下面重点阐述这五种教学方法的主要教学流程。

1.任务驱动教学法的主要教学流程

任务驱动教学法是一种建立在建构主义学习理论基础上的教学方法，它将以往以传授知识为主的传统教学理念，转变为以解决问题、完成任务为主的多维互动式教学理念，使学生处于积极的学习状态，每一位学生都能根据自己对当前问题的理解，运用共有的知识和自己特有的经验提出方案，解决问题。

"任务驱动"教学法最根本的特点就是"以任务为主线、教师为主导、学生为主体"。因此，其核心是"任务"的设计和学习情境的创建。学生的学习活动必须与任务或问题相结合，让学生带着真实的任务学习，以探索问题来引导和维持学习者的学习兴趣和动机，从而形成分析问题、解决问题的能力以及独立探索的学习精神和与人合作的精神。任务驱动教学法中的"任务"最好是来源于岗位职业活动中的实际工作任务。

任务驱动教学法的主要教学流程如下图所示。

（1）明确任务。

教师首先明确学生需要完成的工作任务，并创设与当前学习主题相关的、尽可能真实的学习情境，引导学习者带着真实的"任务"进入学习情境，以此激发学习者的学习兴趣。

（2）分析任务。

在此环节，教师要引领学生分析完成任务的流程、方法以及所需的知识和技能。学生通过对任务的分析，在问题的引领下展开学习，自主建构出完成任务所必需的知识与技能。在此环节中，问题的设计是学生展开自主学习的依托，因此，对问题的设计要可以衔接新旧知识，激活学生原有知识和经验，以探索新的问题，为学生顺利完成任务做好铺垫。

（3）实施任务。

在此环节中，学生尝试利用已有的知识和技能完成任务。学生在完成任务的过程中遇到疑难问题，教师对学生进行学习方法的指导，如利用学习资源自主学习或同伴协作学习等方式，倡导学生之间的讨论和交流，通过不同观点的交锋，补充、修正，加深每个学生对当前问题的解决方案。

（4）评价任务。

在学生完成任务之后，收集学生任务成果。以小组或个人的形式进行成果展示，交流任务完成情况以及完成任务过程中遇到的问题和解决的方法。学生进行自评、互评，在评价的过程中，进一步交流完成任务的方法。同时，教师适时进行点评，启发学生反思问题解决的过程。

（5）总结任务。

教师引领学生对任务的完成过程进行总结，回顾运用的知识和技能，进一步巩固解决问题的方法。同时对任务进行拓展，延伸学生的学习。

2．项目教学法的主要教学流程

项目教学是以项目实施为主线，有效组织理论和实践知识，师生共同实施并完成以一个"项目"为主要学习方式的教学活动。通过项目实施过程，学生学习必要的理论知识，掌握必备的专业技能，突出知识学习服务于职业能力建构。

项目教学法中的"项目"是指以生产一件具体的、具有实际应用价值的产品为目的的工作任务，它可用于学习一定的教学内容，并且具有一定的应用价值。

项目教学的教学设计和教学过程是以项目为载体，充分体现学生主体和实践主线，通过项目的计划、实施、评价等多个环节来合理选择教学策略和优化教学过程。项目教学的主要教学流程如下图所示。

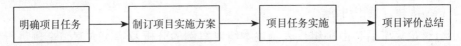

（1）明确项目任务。

教师呈现与项目相关的职业情境，提出项目任务及完成项目任务的要求与目标。

（2）制订项目实施方案。

学生借助查阅相关资料收集信息，制定项目实施方案。对于复杂的教学项目，可以采用小组合作的方式完成。学生实现从学习者到工作者的角色转换，进一步培养合作、沟通和人际交往的能力。在此环节中，教师要给予学生相关建议，帮助学生制订有效的项目实施方案。

（3）项目任务实施。

学生确定各自在小组中的分工以及与小组成员合作的形式，然后按照项目实施方案逐步完成项目任务，每个学生可以根据自身的经验，给出不同的完成任务的方案或策略。教师在此过程中要监督指导并适时提供咨询和建议。

（4）项目评价总结。

先由学生进行自我评估，再由教师对项目工作成绩进行评分。然后师生共同讨论在项目工作中出现的问题，学生对处理问题的方法进行总结。在学生自我评价总结的基础上，教师进一步引领学生归纳总结出类似项目的一般实施过程，同时对共性问题和重、难点问题予以深入分析，强化学生对知识技能的巩固与理解。

3．案例教学法的主要教学流程

案例教学法是指以案例为基础，通过对一系列具体案例的讨论和思考，启发学生的创造潜能，从而形成学生自主学习、合作学习、研究性学习和探究性学习的开放式学习氛围的教学方法。

案例教学法中的"案例"是为教学目标服务的，因此，它应该具有代表性，且应该与所对应的理论知识有直接的联系。所以，案例一定是来源于实践并经过深入调查研究，具有举一反三、触类旁通的作用。其主要教学流程如下图所示。

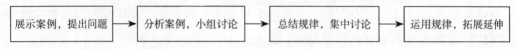

（1）展示案例，提出问题。

在此环节，教师展示案例，提出问题。学生查阅指定的资料和读物，搜集必要的信息，并积极地思索，初步对案例中的问题进行原因分析并提出解决方案。

（2）分析案例，小组讨论。

在此环节，以小组为单位，小组成员各自提出解决方案，然后组内进行讨论，比较不同方案的优劣，尤其是对相似的解决方案作出比较和分析，从而进行小组择优决策。

（3）总结规律，集中讨论。

在小组讨论完毕后，由小组代表阐述本组对案例的分析及解决方案，全班进行集中讨论并作出最终决策。教师引领学生在案例分析、决策的过程中总结规律，巩固所学知识与技能。

（4）运用规律，拓展延伸。

在总结规律的基础上，教师再给出用于学生拓展练习的案例，便于学生学会运用规律，延伸所学知识与技能。

4．角色扮演教学法的主要教学流程

角色扮演是一种情景模拟活动，特别适合于对行动过程的体验。其特点是可以帮助学生在限定的时间内，在扮演角色的同时感悟职业角色内涵，体会未来职业角色面临的工作情境和要求，提高分析问题、解决问题和综合运用所学知识的能力，培养学生的应变能力和创新能力。

在专业课教学中，角色扮演教学法是指教师设计与该专业实际工作相似的情境，组织学生对该情境中出现的问题与矛盾进行分析，并扮演其中的人物，尝试用不同的方法处理随机出现的问题的一种教学方法。

角色扮演教学法的主要教学流程如下图所示。

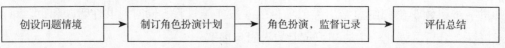

（1）创设问题情境。

教师依据教学内容及其特点，创设职业情境，提出问题，学生明确解决问题的目标。

（2）制订角色扮演计划。

师生共同进行角色分析，说明角色，挑选并确定演员，组成表演小组，参与表演小组的学生根据问题收集资料，深入情境，设计角色扮演方案。表演小组以外的学生扮演观察者的角色，教师设计开放性问题，指定监督任务，明确监督标准。

（3）角色扮演，监督记录。

表演小组在行动和交流中，挖掘各种可能的方案，并找出最佳解决方案进行角色扮演。教师给表演学生更多的发挥空间，引导学生关注表演中问题解决的方法与策略。观察者根据教师给出的问题，按照评价标准进行监督记录。

（4）评估总结。

师生共同回顾表演过程，引导学生结合设计的问题对角色扮演过程进行评价，针对焦点问题展开讨论，梳理归纳解决该类矛盾或问题的基本原则和有效策略。

5.引导文教学法的主要教学流程

引导文教学法是一种借助专门的教学文件（引导文）引导学生独立学习和工作的教学方法。学生通过阅读引导文，可以明确学习目标，清楚地了解应该完成哪些工作，并逐一按照引导文教学过程完成学习任务。

在引导文教学法中，学生是教学活动的中心，教师在教学中担当顾问的角色，为学生通过独立学习而达到预订的教学目标创造条件。

引导文教学法以引导文为基础和中心，因此，引导文的编写是该教学法实施的关键，要重点突出"引"字，即引导问题的设计能够指引学生主动学习，制订出可行的工作计划，并按照工作计划实施。

引导文教学法的主要教学流程如下图所示。

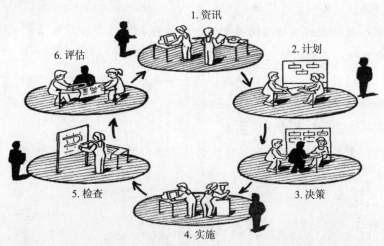

（1）资讯。

学生阅读引导文并根据教师给出的引导问题，收集与任务相关的信息，并在教师的组织下积极地进行讨论，有目的地探索，确定目标。

（2）计划。

学生根据学习要求安排计划，确定应该采取行动，并写出书面工作计划。

（3）决策。

学生上交工作计划，师生进行专业谈话，找出设计方案的缺陷，最终确定工作步骤、方法和工具。

（4）实施。

学生按预定计划独立开展工作活动，教师只在发现错误时提供适当的指导和帮助。

（5）检查。

学生依据拟定的评价标准，自行检查工作成果是否合格并逐项填写检查单。

（6）评估。

教师评估学生的工作成果，师生进行专业谈话，讨论评价结果并提出改进措施。

 案例分析

案例1

电动风阀执行器的安装

（本案例由北京市电气工程学校 王连风提供）

【背景描述】

课 题：电动风阀执行器的安装

课 程：楼控组件安装与维护

教学内容：电动风阀执行器的安装为项目四执行器的安装与连接中的任务1，是楼控系统安装员岗位的主要内容之一。

学生情况：楼宇专业二年级的学生，学生毕业后就业岗位群中含有楼控系统安装员岗位。学生在前序课程中已完成了水流开关等6个组件的安装，对安装流程比较熟悉，掌握了常用安装工具和仪表的使用方法。

教学目标：掌握电动风阀执行器的结构与工作原理；能规范安装电动风阀执行器。

教学方法：任务驱动教学法

课 时：2课时

【教学流程】

教学环节时间分配	教师活动	学生活动	评析
课前导学 初识任务	课前，教师利用微信群向学生发送课前导学通知	学生登录课程平台，通过网络检索任务单中给出的知识点，了解电动风阀执行器的类型、适用范围、作用等内容	通过课前导学，学生提前感知任务，养成课前、课中、课后全程学习的习惯
创设情境 明确任务 （10 min）	通过一段视频创设职业情景，进而将实际岗位中的派工单转化成任务单。 　　教师协助填写电子任务要求和任务描述，明确任务要求与评价标准	学生填写电子任务单中的任务要求和任务描述，明确评价标准	通过视频创设职业情境，将实际岗位中的派工单作教学化处理形成任务单。 　　任务设计源于岗位，真实有效
知识储备 分析任务 （20 min）	引领学生根据任务要求，分析完成任务所需的知识技能。布置学生在课程平台中自主进行结构和工作原理的学习	学生利用教学软件中的三维动画开展电动风阀执行器的内外结构和工作原理的学习，并完成平台中的相应练习	在分析任务环节中，引领学生分析完成任务所必备的知识或完成任务的流程，为学生实际完成任务奠定基础
仿真练习 演练任务 （15 min）	布置学生进行模拟安装。 　　教师在学生模拟安装过程中进行巡视，并对关键问题和学生在实际安装中容易出现的操作规范等问题进行及时的指导	学生启动软件进入仿真系统，进行模拟安装，在做中学的过程中，基本掌握了电动风阀执行器的安装流程和规范，并完成平台中相应的考核练习	在真实安装之前进行模拟安装，帮助学生熟悉操作过程与规范，解决实训教学中的成本问题。教师的及时指导也为学生更好地完成任务奠定了基础
真实安装 实施任务 （30 min）	布置学生按照任务要求与评价标准进行安装。 　　老师巡视观察学生的操作，在学生遇到困难时予以指导，同时记录学生出现的共性问题	学生依照安装流程和规范进行真实安装，实习现场配有电脑，如果学生出现知识点遗忘时，可以随时观看讲解视频，或进行观看仿真操作，寻求解决办法	实施任务环节是学生运用知识技能解决实际问题的关键环节
效果呈现 评价总结 （15 min）	考评员依据施工规范和验收规范中的相关规定对各小组安装任务进行点评、评分。 　　教师对实施安装中出现的共性问题进行集中讲解，起到进一步强化安装流程和安装规范的目的	学生开展自评，并以组为单位开展互评，完成组间推优。倾听老师的点评，进一步提升自己的总结能力	评价总结环节是对任务完成过程与效果的整体评价和总结，是对学生综合运用所学知识与技能完成任务的提升
布置作业 延续学习	布置作业：完成课程平台上布置的作业和任务 2 相关预习内容	学生聆听老师布置作业	作业与预习内容的布置是延续学生的学习

【案例1评析】

案例1采用任务驱动教学法。从教学流程的整体安排来看，授课教师从学生的认知规律出发，按照任务驱动教学法的主要教学流程，合理安排符合工作过程逻辑的教学流程，教学环节安排合理，有助于学生展开自主学习。学生在教师创设的职业情境中，以楼控系统安装员的身份，按照岗位要求，以完成电动风阀执行器的安装任务为主线，自主学习原理与结构，为完成任务做好理论铺垫；在模拟安装演练任务的过程中，巩固知识学习，明确操作流程与规范，为真实安装奠定基础；在真实安装实施任务的过程中，进行动手操作，体验岗位操作流程与规范，明确岗位要求；在评价总结环节对完成任务的过程与效果进行了评价总结，有助于学生提升综合职业能力。

案例2

小型超市视频监控系统的安装与调试

（本案例由北京市电气工程学校　桑舸和王连风提供）

【背景描述】

课　题：小型超市视频监控系统的安装与调试

课　程：安全防范系统运行与管理

学生情况：楼宇专业二年级学生。学生知道视频监控系统设备的工作原理及适用场合，但对视频监控系统的施工流程还缺乏细致的思考；能够独立制作视频线缆接头，能够按照工序、工艺完成线槽敷设，但不知道本项目所涉及的弱电系统线槽敷设路径的选取原则。

教学目标：掌握弱电系统在进行线槽敷设过程中的路径选取原则；能依据系统图纸、平面图纸，按流程完成视频监控系统的虚拟施工和实际施工工作并实现其基本功能；能对调试过程中出现的故障问题进行分析，并排除故障。

教学方法：项目教学法

课　时：4课时

【教学流程】

教学环节 时间分配	教师活动	学生活动	评析
确定项目任务	播放企业派工视频，明确项目任务与要求	观看视频，明确项目任务：小型超市视频监控系统的安装与调试。 阅读派工单，明确项目要求	利用视频创设工作情境，引领学生以岗位角色进入学习。 项目为企业真实任务，是楼宇专业的典型职业活动之一

续表

教学环节 时间分配	教师活动	学生活动	评析
制订项目 实施方案	布置学生以小组为单位，根据项目要求，在问题的引领下制订项目实施方案并上传到平台。 　　在小组汇报的基础上，引领学生围绕方案的可操作性、是否符合国标、是否符合客户实际需求等内容进行讨论，帮助学生制订出正确、合理的实施方案	学生以小组为单位制订项目实施方案并上传到平台。 　　各组代表汇报项目实施方案。 　　在老师的引领下完善实施方案	制订项目实施方案是完成项目任务的前提条件。平台为学生准备了学习资源和引导问题，帮助学生顺利完成方案的制订。 　　学生经历从学习者到工作者的角色转换，更加明确工作岗位要求
项目任务实施	布置学生按照工作流程和实施方案进行项目任务实施。 　　利用录播系统或巡视观察学生操作情况，记录共性问题。 　　展示学生出现的共性问题，引领学生进行讨论	学生按照工作流程和实施方案进行虚拟施工。 　　在虚拟施工的基础上进行实际施工，调试设备，实现基本功能。 　　对实际施工中出现的故障现象进行排除。 　　在老师的带领下分析出现问题的原因，思考解决的方法	虚拟施工可以帮助学生巩固流程，降低实训成本。 　　实际施工是完成项目任务的关键环节，教师在此环节要关注学生的实际操作，利用录播系统留存学生操作现场，发现学生出现的共性问题
项目评价总结	教师对学生个体及小组表现进行评价。 　　在学生总结的基础上强调要根据实际需要，按照工作流程、操作规范和实施方案进行施工，同时要注意节能环保	学生根据评价标准进行自我评价和小组互评。 　　在平台上对项目完成情况及学习过程进行自我总结	学生对自我学习过程及任务完成成果进行总结与评价，有助于学生巩固所学知识与技能

【案例2评析】

　　案例2采用项目教学法。授课教师根据教学内容，选用企业真实工作项目，为学生创设职业情境，让学生在体验岗位工作流程、明确岗位操作规范的基础上，综合运用所学知识与技能完成项目任务实施。从教学流程的整体安排来看，授课教师按照项目教学法的主要教学流程，遵循学生认知规律和工作过程逻辑，有效设计每一环节的教学活动。在各教学环节中均体现以学生为主体的教学思想，帮助学生在丰富学习资源和网络学习环境的支撑下展开自主学习。学生在制订项目实施方案、虚拟施工、实际施工、项目总结评估等活动中，按照岗位工作流程和操作规范完成小型超市视频监控系统的安装与调试，实现客户所需的基本功能。

▰▰▰ 案例 3

遗嘱继承的法律咨询服务

（本案例由北京市电气工程学校　王霖、赵靖和张慧荣提供）

【背景描述】

课　题：遗嘱继承的法律咨询服务

课　程：民法

教学内容：以第三调解室真实案例为载体，将遗嘱继承的法律知识与法律咨询服务有机结合，提升学生运用遗嘱继承法律知识进行法律咨询服务的能力，满足为咨询者提供法律咨询服务的岗位要求。

学生情况：社区法律服务专业高二年级学生。学生已经学习了继承法总论、法定继承等相关知识，熟悉有关电话咨询、面询的服务礼仪；初步掌握了一般遗嘱继承案件的分析能力，具备基本的法律服务技能、速录技能；学生从法律咨询角度，运用法律知识解决实际问题的能力及依法服务、有效服务意识还需进一步提高。

教学目标：理解遗嘱、遗嘱继承的概念；掌握遗嘱的形式、内容、效力；能依据遗嘱继承的法律规定和有效条件，对一般遗嘱继承问题进行咨询服务。

教学方法：案例教学法

课　时：2课时

【教学流程】

教学环节 时间分配	教师活动	学生活动	评析
课前准备	教师通过论坛发帖布置课前学习内容，并登录平台收集学生微课学习和知识拼图完成情况	登录平台，在思考题的指引下观看《继承中的遗嘱》微课。 完成"遗嘱继承法律知识拼图游戏"	帮助学生养成课前、课中、课后全程学习的习惯，微课学习为课上学生进行案例分析作了理论铺垫
展示案例 创设情境 （5 min）	播放第三调解室关于三姐妹进行房产咨询的案例	观看视频并思考教师提出的问题	以真实案例创设学习情境，同时，此案例将贯穿学生学习的全过程
分析案例 自主探究 （10 min）	布置学生在平台中按照思考题的引领，自主完成第一次案例分析	学生在平台中根据视频内容完成学习手册的填写，并提交对此案例的分析判断结果	学生以自主探究的方式对案例进行第一次分析，为深入分析奠定基础，同时检验学生的微课学习效果
深入分析 总结规律 （30 min）	布置学生继续观看视频中的咨询过程，再次对案例进行分析。 教师将两次分析结果对比呈现，引领学生分析原因。 教师布置学生以小组为单位，讨论咨询过程中引导问题、提问意图、法律条文之间的关系。 在小组讨论的基础上，引领学生总结规律	学生观看咨询过程并提交第二次分析判断结果。 学生阐述改变判断结果的原因。 学生以小组为单位展开讨论。 通过小组讨论，在老师的引领下得出规律	第二次对案例分析是教师事先埋下的伏笔，学生进一步观看咨询过程，明确要依据法律条文，合理设计引导问题，不断得到案件的事实

续表

教学环节 时间分配	教师活动	学生活动	评析
学以致用 工作模拟 （30 min）	教师利用课程平台设置模拟案例，系统自动将分配到不同案例的2名学生分为一组。 布置学生以小组为单位进行咨询服务模拟	学生2人一组进行模拟咨询服务，并将咨询录音上传	在对案例的深入分析之后，学生掌握了相关知识技能与规律。在此环节，学生根据岗位要求，运用知识技能进行工作模拟
总结提升 （12 min）	选取学生咨询录音进行试听，在试听的基础上，强调在进行法律咨询服务时的注意事项，并引领学生进行学习总结与自我评价	学生对播放的咨询录音进行点评。 在老师的引领下进行总结。对学习过程与模拟咨询进行自我评价	在运用规律模拟咨询之后，引领学生的总结是非常必要的环节。学生可以在此环节对知识进一步深入理解
课后作业 （3 min）	布置学生完成平台上布置的课后作业，继续试听其他咨询录音	学生聆听老师布置作业	课后作业是对课堂学习的延续，便于学生巩固课堂学习成果

【案例3评析】

案例3采用的是案例教学法。本案例以百姓热点问题的真实案例为载体，将遗嘱继承的法律知识与法律咨询服务有机结合，提升学生的综合职业能力。同时，所选取的案例贯穿学生学习全过程，引领学生学习遗嘱继承的相关知识，掌握遗嘱继承的法律咨询服务的原则，学会运用法律知识进行模拟咨询，体验岗位工作流程，熟悉岗位工作要求。从教学流程的安排来看，授课教师根据案例教学法的主要教学流程，结合学生认知规律，精心设计教学活动，将教学环节层层递进，环环相扣，帮助学生在职业情境中掌握知识技能、提升综合职业能力。

案例4

故障车辆接待
摘自《现代职业教育汽车类专业教学法》关志伟著

【背景描述】

课　题：故障车辆接待

教学目标：掌握车辆的接待与交接程序，能够与客户进行故障现象的交流，能够疏解客户急躁的情绪；了解工单的主要内容，能够正确填写故障车辆工单。

教学方法：角色扮演法

学生角色：学生6人1组，角色分为：客户1人，维修接待1人，维修技术人员2人，

配件管理人员 1 人，财务人员 1 人

课　　时：2 课时

【教学流程】

教学环节	教师活动	学生活动	评析
课前准备	布置学生完成微课学习	利用微课学习故障车辆维修管理体系和接待流程	通过课前学习，引导学生完成资料收集和知识储备，为课上情景模拟、角色扮演奠定基础
学习反馈	展示学生课前微课学习情况，引领学生对共性问题进行讨论	聆听老师反馈课前学习情况	对课前学习内容进行反馈，对共性问题进行讨论讲解
创设问题情境	根据故障车辆维修管理体系，模拟汽车 4S 店情境，明确工作岗位与角色，同时给出各角色的扮演目标	学生聆听问题情境，思考完成任务的方法	问题情境的设计依托企业真实工作情境，学生以岗位角色展开学习，激发学生的学习兴趣
制订角色扮演计划	布置学生以小组为单位，根据问题情境和教师给出的角色扮演目标，制订角色扮演计划，形成角色扮演方案	学生以小组为单位分配角色，根据角色扮演目标设计情景。收集故障车辆接待各工作岗位的要求	通过制订角色扮演计划，学生以小组为单位根据问题收集资料，深入情境，设计角色扮演方案
角色扮演监督记录	记录各组角色扮演情况，对表演中出现僵局或扮演情境不符合要求的情况适时引导，观察学生对表演过程进行讨论	各组根据方案进行角色扮演，其他组进行观察记录	学生在角色扮演的过程中，体会不同岗位角色的心理，掌握相关知识技能
评估总结	教师引领学生对各阶段评估，重点引导学生进行评价总结：怎样使客户保持冷静？如何向客户解释没有维修方案？如何向客户做好交车说明？教师结合学生评价和总结，强调工作岗位的规范和要求	学生对岗位角色扮演进行自我评价，小组进行互评。结合角色扮演结果，对观察到的不足等问题进行集体讨论。学生从工作岗位、工作内容、职业活动等方面内容进行总结	在此环节引导学生结合设计的问题对角色扮演过程进行评价；针对各阶段的评估重点，梳理按照工作岗位要求解决实际问题的方法

【案例 4 评析】

　　案例 4 采用角色扮演法。授课教师按照角色扮演法主要教学流程，根据教学内容和专业特点合理安排教学活动。首先，教师根据教学内容，依托企业真实情境，为学生精心设计了问题情境和岗位角色。学生在问题的带领下，按照要求进行分组，明确角色扮演目标，制订角色扮演方案。在此过程中，做到充分以学生为主体，学生自主展开学习活动。在角色扮演环节，学生根据角色扮演目标，自主设计表演情景，进行角色扮演。在此过程中，主要考查学生综合运用专业知识解决实际问题的能力和应变能力；在评估总结环节，教师引领学生对表演过程中的典型现象进行回顾点评，引领学生进行梳理总结，便于学生深入理解。从授课教师对教学流程的整体安排来看，符合合理安排教学流程的要素，为实现教学目标、突出重点、突破难点奠定了基础。

案例5

电控动力转向系统（EPS）检测
摘自《现代职业教育汽车类专业教学法》关志伟著

【背景描述】

课　题：电控动力转向系统（EPS）检测

课　程：汽车舒适与安全系统的诊断与故障诊断

教学目标：掌握EPS系统各传感器、执行元件的组成、结构、工作原理及检测方法；能根据学习任务制订学习计划；能利用专业书籍、维修手册、互联网等获取帮助信息；能检测、诊断EPS系统各传感器、执行器的好与坏。

教学方法：引导文教学法

引导问题：

（1）汽车动力转向系统的分类？

（2）汽车电控动力转向系统（EPS）有哪些优点？

（3）EPS系统的安装位置由哪些零部件组成？

（4）EPS系统的传动关系、转向过程？

（5）EPS系统的工作原理？

（6）转角传感器G85的信号检测方法？

（7）转向力矩传感器G269的信号检测方法？

（8）转向电机的检测方法？

（9）EPS系统检测的工艺流程、技术要求？

（10）EPS系统检测过程中有哪些安全注意事项？

（11）小组成员如何分工协作？

课　时：4课时

【教学流程】

教学环节	教师活动	学生活动	评析
资讯	教师直接引入任务。教师提供相关学习资料。教师巡视学生资料收集情况	学生分小组学习，研究教师提供的引导文，根据引导问题，确定需要收集的资料	教师课前设计的"引导文"至关重要，引导文中的引导问题将引领学生的自主学习。此环节学生应明确"应该做什么"这一问题
计划	教师巡视各组计划制订情况及学生参与程度	学生借助引导文制订书面工作计划，包括小组合作学习分工计划；工作步骤、基本方法与时间安排；所需的设备、工具、量具和材料	此环节学生应明确"应该怎样做"这一问题，引导文重在引领学生制订学习计划或工作计划

续表

教学环节	教师活动	学生活动	评析
决策	以学生制订的工作计划为依据，采取谈话的方式，引导学生围绕引导问题展开讨论并作出决策	与教师进行谈话，从"制订的工作计划是否合理？所选择的工具、量具、检测设备是否合适？"两个方面讨论计划的可执行性，并作出最终决策	采取师生谈话的方式，充分以学生为主体，帮助学生在问题的引领下作出决定
实施	检查、督促学生的进度，指出检测过程中的问题，并予以示范纠正。 记录学生的学习情况，作为评价的依据	学生以小组为单位，自主实施计划，遇到问题，可采取学生互助或向教师求助的方式解决问题	学生按照计划逐项完成学习内容和EPS系统检测。 教师对学生自主学习过程中的纠错和示范操作将帮助学生正确掌握知识和技能
检查	教师巡视并记录学生自我检查情况，并作为评价的依据	学生检查并完善学习成果记录； 学生清理工作现场、整理设备工具	学生根据引导文自我检查和完善，形成自我学习成果
评估	教师组织学生从"学习过程、工作态度、责任心、学习成果"等方面进行总结和评价。 教师总结学习活动情况，评价各组学习成果	小组成员展开讨论，开展自我评价、组内互评活动，并填写评价表； 各小组代表汇报学习成果	小组讨论、组内代表汇报、教师评价帮助学生进一步巩固学习成果

【案例5评析】

　　案例5采用的是引导文教学法。引导文教学法是利用引导文带领学生独立学习和工作的教学方法，关键在一个"引"字。教师在课前从学生的角度研究分析，精心准备了引导文，为学生提供了丰富的学习资料，让学生的自主学习成为可能。在教学流程安排过程中，教师的教学思路清晰流畅、教学环节紧密衔接、时间安排合理，按照引导文教学法的主要教学流程设计教学活动，充分体现以学生为主体的思想。学生借助引导问题在制订工作计划、自我检验等步骤激发学习热情，提高学习自觉性。同时，教师在各个环节中发挥引导、组织、协调的作用，及时给学生提供指导和帮助，把握学习进程。

能力训练

　　合理安排教学流程是有效达成教学目标的重要条件。请您从自己所授课程中选取教学内容。根据课程标准，结合教学内容及学生的特点，选择并确定教学方法。根据选取的教学方法，运用合理安排教学流程的原则以及行动导向教学模式下教学方法的主要流程设计教学流程。

【背景描述】

课　题：

课　程：

教学内容：

学生情况：

教学目标：

教学方法：

【教学流程】

教学环节时间分配	教学内容	教师活动	学生活动	设计意图

反思提升

1. 本专题的培训要点是：＿＿＿＿＿＿＿＿＿＿＿＿＿＿＿＿＿＿＿＿＿＿＿＿。

2. 通过学习，您认为"合理安排教学流程"的主要作用是什么？您对"合理安排教学流程"的理解在哪些方面有提高？请结合教学实例谈一谈您的感受。

3. 您对我们的宝贵建议是：＿＿＿＿＿＿＿＿＿＿＿＿＿＿＿＿＿＿＿＿＿＿＿＿。

阅读材料

◇ 阅读材料1

行动导向教学模式下常用教学方法适用条件

摘自《现代职业教育——职业教育行动导向教学模式研究与实践》柳燕君著

行动导向教学模式下的每种教学方法都有其侧重培养的职业能力，而不同类别的职业对其人才也有特定的职业能力要求。因此，教师需要根据专业、课程以及学生特点，选择恰当的教学方法。根据教学方法，合理安排教学流程。行动导向教学模式下常用教学方法侧重培养的职业能力分析见表2-3。

表2-3　行动导向教学模式下常用教学方法侧重培养的职业能力分析

教学方法	职业能力	适用条件
项目教学法	综合职业能力	适合排序靠后的学习单元，学生基本能独立完成完整的工作任务
引导文教学法	综合职业能力，侧重于专业知识的掌握	适合排序较前的学习单元，学生的专业知识储备较欠缺，很难独立完成任务
案例教学法	分析问题的能力、决策能力	对学生的决策、分析问题的能力要求较高
角色扮演法	感悟职业角色内涵、体验职业岗位，语言表达与交际能力	对教师掌控课堂的能力要求高
任务驱动教学法	综合职业能力，侧重于专业知识、技能的掌握	学生的专业知识、技能储备欠缺，很难独立完成任务

◇ 阅读材料2

信息化环境下的教学流程设计与实施

节选自《信息化环境下的教学流程再造研究》林令霞著

信息化环境下教师应了解，基于网络的教学资源具有信息资源开放性、跨越时空限制和实时交流与实时评价等特点，这就决定了信息化环境下的学习过程是开放、交互、自主的学习过程。因此，在信息化环境下，教师对课堂教学流程的设计与实施应从以下几方面展开：

（1）使学生会利用计算机和网络技术，帮助自己进行学习，是实现教学总目标的前提条件。学生应具备选择、使用信息技术的基本知识和技能，需要适应复杂的、灵活开放的、信息极为丰富的学习环境，并在其中进行积极的建构活动。需要自主展开学习过程，调节学习策略，养成对自己的学习负责的习惯。

（2）创设情境使学生主动参与活动。情境创设应分为两种情况：一种创设是有丰富资源的学习环境，其中，应包含许多不同情境的应用实例和有关的信息资料，以便学习者根据自己的兴趣、爱好去主动发现、探索；另一种创设是接近真实情境的学习环境，在该环境下应能仿真实际情境，从而激发学习者参与交互学习的积极性，在交互过程中去完成问题的理解、知识的应用和意义的建构。要使信息化环境下的教学真正达到因材施教、发展个性的目的，教学设计中应体现学生是以不同的水平情况来学习和提高的，学习是学生主动参与完成的。应设计出使学生在乐意、又不感到任何压力的基础上客观、确切地反映出学习效果的评价方法。

（3）信息资源设计和纵向与横向的学科学习。信息资源的设计是指确定学习主题所需信息资源的种类和每种资源在学习主题过程中所起的作用。对于应从何处获取有关的信息资源，用何种手段去获取以及如何有效地利用这些资源等问题，如果学生确实有困难，教师应及时给予帮助。信息化环境下的教学设计还应能综合体现各个学科的内在知识联系，教学必须要有跨学科的知识，调动学生纵向与横向的学习兴趣，使学生开阔眼界、扩大知识面。

（4）动态演示增强交互。网络环境下的教学设计应体现多媒体和网络技术中的动态演示、交互性能，使得学生不仅通过接收信息而学习，而且通过动态的展示、交互的过程加深对知识的理解。在学习过程中，生生之间、师生之间适当的交流通常可达到事半功倍的教学效果。

（5）充分利用网络进行教学。网络环境下的教学设计要充分利用网页的超文本链接功能，可以使学生用多种方式探索同一专题，不仅具有灵活性，而且给予学生较大的自由度。学习者可以完全控制自己的学习，可以任意选择学习方式，充分利用在线讨论、在线答疑等实时交互，照顾到个别学生的需要，增强学习兴趣，实现个别化学习。这种学习使学生获得的不仅仅是知识，还有自己主动建构知识的意义和能力，这是传统环境下的教学所不具备的。

专题三　有效激发学习动机

学习目标

理解：有效激发学习动机的定义。

学会：导入设计的方法，创设贴近职业的情境，激发学习动机。

掌握：有效激发学习动机的构成要素。

运用：能依据构成要素，指导教学行为。

问题提出

激发学习动机是教学实施过程中的一个重要环节，如何有效地激发学习动机影响着课堂教学的效果。下面请您参与我们的活动，谈谈您如何看待有效激发学习动机。

◆调查内容

1. 您是如何认识"有效激发学习动机"的？

A. 学习动机是直接推动学生进行学习的一种内部动力

B. 激发学习动机就是通过导入环节，引起学生注意，激发学习兴趣

C. 学习动机是掌握知识的前提和条件

D. 学生内在动机的培养和调动是教学工作中一项极其重要的任务

E. 进行正确的评价和适当的表扬与批评，可以巩固和发展学生正确的学习动机

您的选择：＿＿＿＿＿＿＿＿＿＿＿＿＿＿＿＿＿＿＿＿＿＿＿＿。

您的补充：＿＿＿＿＿＿＿＿＿＿＿＿＿＿＿＿＿＿＿＿＿＿＿＿。

2. 您认为下面哪些方法可以激发学生的学习动机？

A. 教师讲课生动，听得懂，记得住

B. 在将来的工作中有用

C. 进行正确的评价和适当的表扬与批评

D. 教师运用教学手段和技能吸引学生的注意力

E. 创设贴近职业岗位的学习情境

您的选择：_____。

您的补充：_____。

◆分组讨论

请看下面的案例，谈谈您对案例的看法和启示。

▐▌▌案例

散客登记入住服务

授课地点：饭店前厅模拟实训教室

教学内容：散客到酒店入住，要办理入住登记。作为前厅服务员，要根据客人有无预定情况，按照办理散客登记入住的服务流程，独立规范地为客人办理好入住登记。

王老师的课堂导入：

王老师请同学们打开微信群，观看微课视频《办理散客登记入住服务》，以组为单位，用思维导图的形式写出《办理散客登记入住服务的流程》。

学生分组完成王老师布置的任务，并拍成照片，上传到 UMU 互动平台。王老师请其中一组进行展示，并给予评价。同时给出正确的服务流程图，再通过 UMU 互动平台，对其他组完成的情况给予评价。

李教师的课堂导入：

李老师请学生观看一段视频，视频的内容是：客人打电话到饭店预定部，要预定一个标准间。老师要求学生记录视频中客人的预定信息。

老师：请同学说出客人的预定信息后，客人现在来到酒店的前厅，准备办理入住登记，作为前厅服务员的我们该怎样做？

学生1：我曾经随父母到外地旅游，住过酒店，有这样的经历。我认为应请客人填一张表，并出示身份证。

学生2：问清客人用什么方式付款？是现金还是信用卡？

老师：同学们说的都很好，今天我们跟随老师一起来学习如何按照规范的服务流程，快速准确地为客人办理好入住登记。

这两位老师的导入，您认为哪个更能激发学生的学习动机？请说出您的理由：_____

_____

_____。

您如果还有更好的导入方式，请写出来：_____

_____

_____。

◆自主案例分析

请看下面的课堂教学片段，谈谈您的看法。

案例

用 Flash 制作动画的第一节——初识动画

授课地点：计算机房

教学过程：老师课前在黑板上贴上自己小时候画的图画，共6张。

老师：同学们，黑板上的画是老师小时候画的画，谁小时候有跟老师画一样的画？

学生纷纷举手。

老师：好的，大家跟老师有共同的爱好。其实老师小时候不仅爱画画，还喜欢看动画片。我的爷爷就告诉我"只要我努力画画，攒够足够多的画，就带我一起将这些画送到中央电视台做成我爱看的动画片。"这也是老师小时候的梦想。老师问大家：这些画能送到中央电视台做成动画片吗？

学生1：可以。

学生2：不可以，因为它不会动。

学生3：可以让它动。用技术让它动。

老师：现在班里有不同的见解，那么老师今天带大家一起来初步认识动画制作，学完以后，大家就知道答案了。

该案例能否吸引学生的注意，激发学生的学习兴趣？谈谈您的看法。

_____

_____ 。

 ## 对"有效激发学习动机"能力要点的解读

《北京市朝阳区职业高中专业教师教学能力检核标准》对"有效激发学习动机"的检核标准见表3–1。

表3–1 有效激发学习动机的检核标准

能力要点	合 格	良 好	优 秀
有效激发学习动机	创设贴近职业的教学活动作为导入和展开学习的情境，吸引多数学生的注意力	创设贴近职业的活动作为导入和展开学习的情境，能够有效激发学生的学习兴趣	创设贴近职业的活动作为导入和展开学习的情境，能够有效激发学生持久的学习动机

一、什么是有效激发学习动机

1. 学习动机

学习动机是指直接推动学生进行学习的一种内部动力，是激励和指引学生进行学习的一种需要。学习能产生动机，而动机又推动学习，二者相互关联。在影响学生学习的多种因素中，学习动机起主要的支配作用。

学习动机与学生的学习兴趣、学习的需要、个人的价值观、学生的态度、学生的志向水平以及外来的鼓励紧密相联。如对知识价值的认识（知识价值观）、对学习的直接兴趣（学习兴趣）、对自身学习能力的认识（学习能力感）、对学习成绩的归因（成就归因）等。

2. 激发学习动机

激发学习动机是指在一定的教学情境中，利用一定的诱因，使已形成的学习需要由潜在状态变为活动状态，形成学生学习的积极性和主动性。

3. 有效激发学习动机

有效激发学习动机是指教师不但能够运用教学手段和技能短暂地吸引学生的注意力，而且能合理、科学地运用教学手段和技能，使学生的注意力长时间地维持在学习活动中，从而提高学习效果。

二、有效激发学习动机的关键要素

根据《北京市朝阳区职业高中专业教师教学基本能力检核标准》对有效激发学习动机的检核标准，确定有效激发学习动机的关键要素见表 3-2。

表 3-2 有效激发学习动机的关键要素

能力要点	关键要素
有效激发学习动机	1. 以恰当的导入方式吸引学生的注意力，引起学习兴趣 2. 创设贴近职业岗位的情境，明确学习目标和任务，激发学生对学习内容比较持久的学习动机 3. 随时注意学生的兴趣和动机强弱，及时采取措施强化或补救

1. 以恰当的导入方式吸引学生的注意，引起学习兴趣

导入是一节课的开场白，是将学生由非学习状态转入本节课学习的准备阶段。它有安定学生情绪、吸引学生注意、引起学习兴趣、把握学习目标和拉近与学生的情感距离的作用。俗话说，"好的开始是成功的一半"，好的导入能够激发学生的兴趣，调动学习的积极性，就为这堂课的成功打下了良好的基础。

注意力是开启心灵的门户，只有引起注意才能产生意识。吸引学生注意力的关键是抓住学生的兴趣点，职业学校的学生经常对贴近职业的工作任务、运动变化的东西、相互矛盾的东西、笑话、幽默故事、实验、操作、竞赛和游戏感兴趣。常用的导入类型有：

（1）以复习旧知识为主的导入。

这是最常用的导入方法。复习旧知识，一是检查上节课的作业，了解知识掌握情况，

及时查漏补缺并强化重点；二是为学习新的知识作铺垫，将需要用到的旧知识进行梳理；三是培养学生的思维习惯，即遇到新的问题，首先回顾、联想曾经学过的、见过的、听过的，主动检索，加强建构意识；四是养成做事严谨、尊重知识的良好习惯。

从复习旧知识来引导学生发现新问题，并且在发现新、问题时就让学生明白要探究的目标。这种方式是很多老师常用的导入法，让学生自己抓住新、旧知识的不同点，在巩固了旧知识的同时，又让学生明确了新授内容的重点和任务，学生们也会在懂与不懂之间积极寻找问题、探索答案，这种方式为学生学习新知识打下了良好的基础。

（2）以刺激多种感官为主的导入。

即通过声音、视频、动画等数字或模拟的声像作品引起学生的注意力和感知兴趣，在作品播放、演示中引出与本节课有关的内容，从而进入新的学习任务。

（3）以亲自参与活动为主的导入。

利用事先创设的环境，让学生主动参与到活动中来，是一种非常好的体验式导入，在紧密联系新的学习任务的活动中，初试自己的能力，展现自己的才能，有利于增强学习新知识、新技能的信心。这类导入可以通过完成一件动手操作的任务、一个本组设计的活动、一次预习中收集信息的汇报等进行。导入应注意活动内涵，即承载的旧知识、方法、能力、引申的过渡等。

（4）以语言、文字素材、网络资源为主的导入。

如阅读一段学习资料、案例、任务书，在校园网的指定资源库中了解学习任务，用生动的语言叙述一件事情等。

（5）以借助生活经验为主的导入。

通过学生熟悉的实例或身边的某一现象导入新课，让他们在学习新授知识前就有一种亲切感和实用感，运用生活经验的导入需要教师熟悉学生的生活背景，所设定的情境是学生比较熟悉或比较常见的，选择生活化的例子目的在于引出主题，或者是在熟悉的生活经验中提出新问题、新创意，从而达到既不距离学生过远，又隐含着新的启示，推进社会经验的迁移和拓展的目的。

2. 创设贴近职业岗位的情境，明确工作任务，激发学生对学习内容比较持久的学习动机

"以就业为导向、能力为本位"的专业课，课程内容来自于生产与服务的典型工作任务，学习过程是在真实或仿真的环境中进行，学习要求要符合企业工作流程与规范，即按照实际的职业活动情境培养学生的职业核心技能。在专业学习任务中，创设或引入职业工作情境、明确学习目标和学习任务是最有效的教学方法，因为学习是为了应用，只有贴近真实工作的学习才会产生且持续稳定地激发学习动机。

基于工作任务的情境创设可以有多种表现形式。如真实场景的创设形式、视频（动画）模拟创设形式、实际演示或示范的创设形式、交代任务（口头或书面）的创设形式、试误（或试探）操作的创设形式、问题引导逐步切入主题的创设形式等。它不同于传统教学情景的关键是其起于实际工作任务，转化为教学（学习）任务，学习主体立足在情境之中。

主要方法有：任务交代法、模拟角色表演法、数字多媒体学习资源引入法、案例或范例引入法、逆向思维创设故障引入法和引导文引入法等。

（1）任务交代法。

以布置工作任务为主的导入，一般采取给出本课任务书、工作单、企业工作项目合同、策划书等文字材料的方法，学生通过阅读、分析任务，了解本课的新内容。有时也用模拟视频或交代任务的对话录像，让学生从中了解新的工作任务。

（2）模拟角色表演法。

给出一个情境，让学生随机表演，在表演中提出相关任务，引导学生进一步学习新技能。需要注意的是，导入情境是与工作任务情境关联的，随机表演是学生可以自由发挥，一方面起到激发兴趣的作用，另一方面能锻炼通用能力（表达、沟通等）。

（3）数字多媒体学习资源引入法。

采用数字多媒体手段，播放事先制作的动画片或视频，播放同时提出思考问题或利用字幕提出问题，甚至提出学习任务。因为数字化手段形象、表现力强，能激发全体学生的兴趣，对引出任务、布置要求效果很好。但是，运用不同的媒体、采用不同的手段对学习内容和学习效率还是有差异的，所以，我们必须了解各种媒体的优势与不足，同时注意数字媒体的制作质量，视、听觉卫生和给人的感受。如运用实物、模型等直观教具导入新课，能让学生通过观察引发学习的兴趣，活跃课堂的气氛，让学生充分感受到知识的具体化和形象化。又如利用多媒体、插图导入新课，当前的新教材大多数注重图文并茂的特点，在教学中我们也应该充分利用这些插图来导入新课。根据插图做成动画课件，利用电视、幻灯和录音等手段与教师的语言和画面相结合，有利于学生走入学习情境中。

（4）案例或范例引入法。

给出一个案例或范例，提出讨论的问题，组织学生进行初步分析，然后引出新课的学习任务。案例可以是正面引导的，也可以是辨别后提出的新的工作任务。案例最好是典型的、真实的，除了直接与所学的知识相联系外，也可以是侧重能力训练的内容，以引起学生对职业能力的关注。

（5）逆向思维创设故障引入法。

先给出一个简单的操作任务，由学生自行完成，通过对操作过程的思考、行动、结果分析得失，并引出新的任务。运用尝试法是通过成功或失败总结出需要进一步学习的内容，尝试操作的任务要与学习任务紧密相关，操作任务不要太复杂。

（6）引导文引入法。

借助于预先准备的引导性文字，引导学习者解决实际问题。引导文的任务是建立项目工作和它所需要的知识、技能之间的关系，让学生清楚完成任务应该掌握什么知识、具备哪些技能等。学生通过阅读引导文，可以明确学习目标，清楚地了解应该完成什么工作、学会什么知识、掌握什么技能。在引导文的引导下，学生必须积极主动地查阅资料，获取有意义的信息，为解答引导问题制订工作计划、实施工作计划和评估工作计划，避免了传统教学方法理论与实践脱节、难以激发学生学习兴趣的弊端。

3．随时注意学生的兴趣和动机强弱，及时采取措施强化或补救

（1）对学生的学习活动一定要作出积极的反馈。

学生在学习活动中，不仅愿意主观参加课堂学习活动，而且期望自己的学习行为得到老师和同学的肯定，因此，教师在课堂上要针对不同学生的学习情况有目的地提出问题，让学生思考后回答。教师对学生的积极学习行为示以满意的微笑、点头称赞以及口头表扬，都会给学生增强新的动机力量。如果教师对学生的某种积极学习行为没有任何反馈，将无形中降低学生的学习动机。如果教师对学生的学习行为给予消极的反馈，诸如嘲讽、不正当的批评等，则会使学生丧失学习的信心。因此，教师应对学生的积极学习行为给予及时的肯定，以鼓励学生敢于想问题、提问题、不怕犯错误，充分利用外在动机力量调动学生课堂学习的积极性和自觉性，激发和增强学生的内在学习动机。

（2）关注学生的思维过程，并适当进行引导。

课堂教学是师生的双边交流活动，教师在其中起着全方位调控学生思维的指导作用。面对一个真实的工作任务，学生时常由于思维受阻、停滞和定势而带来负面影响，影响任务的完成。为此，在教学中，教师要关注学生的思维过程，引导学生不断进行反思，积极寻找思维的难点，尽可能改变固有的思维模式，激活学生的思维状态。

在完成工作任务时，学生时常碰到思维受阻，找不到解决的切入口，甚至停滞不前的情况，这就是所谓的思维难点。思维的难点是教师在教学中不可回避的一个矛盾，因此，在教学中，教师要关注学生思维过程中问题的难点所在，化解问题解决的适当难度，使学生的思维得以步步深入，克服思维障碍，通过师生思维的互动，不断树立学生信心，有效地去解决问题。

关注学生认知思维结构的不和谐之处，抓住学生面对新问题、新任务时出现的无所适从之处，在教学中，教师要精心设计问题情境，让学生反思思维过程，找到思维的难点所在，触发学生的兴奋点，在疑与思的循环和矛盾中，不断产生认知突破，用积极亢奋的思维状态去探索和研究工作任务。

（3）注意发现学生学习的困惑和问题，并采取恰当的教学策略。

在课堂教学中，为了实现教学目标，教师要随时观察学生，发现他们的学习困惑。例如，概念的不理解、难于掌握的技能等，出现个别学生听不懂、小组合作不积极等问题，作为教师要积极采取恰当的方法，利用信息技术手段、集体讨论、教师示范等方法，对个别问题进行有针对性地指导，使学生持续保持学习的积极性。例如，在《兰花分株技术》的教学中，学生在园林实训基地——现代化温室实施任务。四组学生按照任务书准备物品及工具，进行兰花分株操作,并在任务书上做好记录。各组质量监督员负责整个操作过程的质量监控。教师在巡视过程中,捕捉并录制学生的操作情况,并提示"养兰重在养根",操作避免伤根。对个别问题有针对性地指导,对共性问题利用电子白板集中讨论。学生实操到第二步"分株"出现问题,针对如何选取最佳分株点,教师再次播放分株环节视频,请学生重点观察"分株"操作方法,并示范分株关键技能:选取假鳞茎连接的松散处、空隙大的地方作为分株点。学生再次进行实践体验。教师抓拍学生操作,选取第二步"分株"典型问题回放录像,师生共同分析,纠正操作问题,不断强化操作技能。

（4）尊重学生的独特见解,适时给予积极的建议。

在教学中,教师要鼓励学生积极参与教学,尊重学生的差异。学生的个性差异不仅表现在学生的个体之间的差异,还表现在独特的精神世界和兴趣特长。教师不能用一个模式去塑造和评价学生,不能用一个水平去衡量学生,要尊重学生的不同理解和认识,使他们充分发挥自己的自主性、生动性和创造性,鼓励他们求异、求新。因此,在教学时,老师应让学生主动积极地进行思维情感活动,从而得出自己的独特见解,在完成学习任务的同时,获得思想启迪,享受到学习的乐趣,激发学习的积极性。例如,护理专业考前复习"冷热疗法",老师采用病例诊疗分析法带领学生复习。其中有一个题目是:"炎症早期采用热疗的主要目的是什么？为什么？"学生进行小组讨论。有位学生没有针对问题进行思考,而是提出了自己的问题:"炎症早期为什么不能用冷疗？"面对学生独出心裁的提问,老师因势利导,请同学讨论。问题激发了学生探究的欲望,课堂顿时活跃起来。一些学生上网查询"冷疗"法的适应症状,有些学生讨论"炎症"的多种疗法……结果是,学生不仅复习了冷热疗法的技术和知识,还在比对过程中加深了对不同疗法诊疗原理的认识,效果明显超出了教师预先的设计。

（5）利用榜样的作用,激发更多学生参与学习。

俗话说,榜样的作用是无穷的,榜样是最好的教育。教师要充分看到学生与学生之间的相互影响,主动在班级中树立学生榜样,更要注意教师自身的榜样作用,即要以身作则地学、以身作则地做。利用榜样的作用激发学生的学习热情,使学生更多地表现出教师所希望的行为。例如,在《绑草绳法防治美国白蛾》的教学中,学生在校园实训基地进行绑草绳练习,教师先请2~3名同学根据学习过的绑缚方法和要求进行尝试演示,发现学生完成任务的障碍点,引起全体学生的重视。促使他们认真观看教师的演示,教师边演示边强调操作的关键点,学生能够认真观看。学生基本完成任务后,教师选择2株典型的绑缚较好和2株绑缚不好的树株,请同学们参照评价标准进行点评。明显的对比效果,使学生对绑缚标准有了直观的认识,同时激发了学生修正自己绑缚的欲望。老师强调不标准绑缚造成的危害,重申技术要点,同时渗透质量意识。评价学习后,学生能主动地修正自己不规则的绑缚。

 **案例分析**

案例1

机械手抓取工位1的黄色物料

（本案例由电气工程学校　赵维提供）

所教专业：电子专业

年级：高二年级

老师：在上次的学习中，我们已经完成了任务一，机械手抓取工位1的物料。今天我们要对任务一的任务进行拓展，完成一个更加复杂的任务，那么这个任务是什么呢？首先，请大家观看一段视频，在观看的过程中，大家一定要认真思考与任务一有什么区别？

学生观看视频。

老师：请大家回答，这个视频与任务一有什么区别？

学生：这个机械手只是抓黄色物料，而不抓白色物料。

老师：上节课我们的任务一是什么？

学生：黄色物料、白色物料都抓。

老师：那你能不能用一句话概括一下本节课的工作任务？

学生：使机械手在工位1抓取黄色物料。

老师：非常正确，我们今天的任务就是机械手抓取工位1的黄色物料。

老师：为了完成这个工作任务，我们首先要拟定一个实施步骤，先回顾一下任务一中是怎么做的？

学生：1.确定传感器类型，2.调节传感器，3.编写程序，4.综合调试。

老师：说得很对，大家想一想，今天的任务是建立在任务一之上的，所以，它的步骤应该跟任务一有一个紧密的联系。我给出任务二的实施步骤：1.确定传感器类型，2.调节传感器，3.修改程序，4.综合调试，大家看看他们之间有什么区别和联系呢？

学生：步骤1、2、4都一样，在第3步有区别，是修改程序。

老师：大家都同意吗？不同意的请举手。

学生：调试传感器有所不同，任务一把传感器调整到一个正常的工作状态就可以了，任务二是调整传感器识别黄色物料。

老师：说得非常正确，下面请大家拿出工作页，把任务二的实施步骤写在上面。

◀◀◀ 案例1评析：

　　本案例结合岗位工作内容，使用任务交代法进行导入。教师通过播放视频，引起学生注意，由于视频内容来自工作岗位，激发了学生的学习兴趣。然后老师利用学生已有的知识经验，即已经学习的任务一，提出问题："视频与任务一有什么不同？"引起学生思考。在教师的启发引导下，学生自己总结出要完成的工作任务，明确本次的学习任务，这样利于学生根据已有的学习经验，进行迁移性学习，学生学习积极性提高，这样的导入是符合学生的认知规律的。同时本次课紧紧围绕这个任务展开学习，分析任务、实施任务和评价任务，激发了学生比较持久的学习动机。

◢◢◢ 案例2

银行理财产品——新客户接待
（本案例由求实职业学校　孙诺提供）

　　案例背景：金融事务专业高二年级学生。本节课的课程内容为《金融产品与客户服务》中《银行理财产品》部分，本课是该部分第一节课。通过学生的角色扮演，不断推进课程内容，将银行理财产品的种类、特点、认购起点金额、预期收益计算方法等内容融于其中。

　　老师：目前银行在主推一款保本型的银行理财产品。今天银行来了一位新客户排号准备存钱，如何将这位客户引导到客户经理处咨询银行理财产品呢？下面请两位同学模拟表演一下。

　　学生甲（扮演大堂引导员）：您好，欢迎光临！请问有什么可以帮您？

　　学生乙（扮演顾客）：你好，帮我取个号。

　　学生甲（扮演大堂引导员）：您是办现金业务，还是非现金业务？

　　学生乙（扮演顾客）：我存点钱。

　　学生甲（扮演大堂引导员）：这是您的号，请您拿好。我们银行现在有几款理财产品可供您选择，您需要了解一下吗？

　　学生乙（扮演顾客）：理财产品风险都挺大的，我还是老老实实存定期吧！

　　老师：谢谢这两位同学，刚才客户觉得理财产品风险挺大的，当客户回答到这个问题时，我们能得到哪些信息？我们如何回答客户的这个问题？

案例 2 评析：

　　本节内容采用案例表演展示法导入。老师给出"如何将这位客户引导到客户经理处咨询银行理财产品"的学习情境，让学生模拟表演。一位学生扮演大堂引导员，一位学生扮演顾客，当引导员向客人介绍理财产品时，客人回答："理财风险大，还是存定期"。教师创设的学习情境，来自真实的工作岗位，学生的角色表演，贴近我们的生活，能很快吸取学生的注意力，激发学生的学习兴趣。在这时，老师顺势提出问题："刚才客户觉得理财产品风险挺大的，当客户回答到这个问题时，我们能得到哪些信息？我们如何回答客户的这个问题？"目的是引发学生的思考，进入本次的学习任务。

案例 3

新娘捧花设计制作

（本案例由电气工程学校　张燕提供）

　　所教专业：插花

　　学生：高二年级

　　老师：上一节课，我们四个花店，都认领了新娘捧花的订单任务，下面我们一起登录插花的教学平台，首先进入企业在线，看看上一次我们的订单任务。

　　订单一：我们要为身穿白色婚纱礼服，肤色白皙，体态苗条的新娘，做捧花设计。这个捧花价格预计在 600 元左右。

　　订单二：新娘身穿红色婚纱，肤色较暗，体态匀称，这个捧花的价格预计在 500 元左右。今天我们将要完成这两个订单，花之店和 flower time 组 pk 第一个订单，花无限和 only 组 pk 第二个订单。同学们，你们都做好准备了吗？

　　学生：准备好了。

　　老师：下面首先检查学习任务的完成情况。

案例 3 评析：

　　本案例中的订单任务来自企业真实的工作任务，创设了贴近职业岗位的情境，使学生明确自己的工作任务，整个学习过程紧紧围绕企业的订单任务进行，从捧花的设计到制作，满足两位新娘的需要，从而激发学生对学习内容持久的学习动机。

案例4

用基尔霍夫电压定律分析复杂电路

（本案例由电气工程学校 冯佳提供）

下面是冯佳老师的课堂教学实录片段。

老师：这就是我们今天要掌握的知识，这样的电路叫复杂电路。那么，谁能帮我给复杂电路下个定义？你心里有数的，就举手告诉我，你自己心里想，这样可能就是复杂电路。我把简单电路的定义给你放在这。参照它，给复杂电路下个定义。这组比较好，有四位同学举手，这组有一位，这组有一位，那我找一个举手的同学说。

学生：不能用串、并联化简为无分支单一回路的电路叫复杂电路。

老师：我给你点个赞，对吗？

学生：对。

老师：能用这个方法化简的电路叫简单电路，不能用这个方法化简的叫复杂电路，难不难？

学生：不难。

老师：那我们一起说一遍，什么叫复杂电路？

学生齐读：不能用串、并联化简为无分支单一回路的电路叫复杂电路。

老师：记得住吗？

学生：记得住。

老师：好，就差一个字。我们今天要研究的是什么电路啊？

学生：复杂电路。

老师：复杂电路，在170多年前人们就开始研究了，研究什么呢？当时我们知道有简单电路，求解简单电路的方法非常经典，叫做欧姆定律，对吗？随着这个电路的复杂化，含的电源越多，我们解起来越来越复杂，采用欧姆定律的方法不能满足我们的实际需要，这时候有很多的人在研究新的方法，有几个关键词，1845年，德国，21岁，大学论文，这些关键词都是集中在一个人的身上。

学生：基尔霍夫。

老师：就是他。什么意思呢？1845年的时候。德国有个大学生，他年仅21岁，在他大学期间，写了自己的第一篇大学论文，提出来了什么呢？解决复杂电路求电压电流的计算方法，后来他这种方法，被科学界广泛认可，并以他的名字命名为基尔霍夫定律。170年前他提出这个方法，那么今天我们来看看他是怎么来构思基尔霍夫定律的，好吗？

学生：好！

老师：那我问问这个时候的表达式应该是什么？

学生：$E_1+E_2+E_3=U_1+U_2+U_3$

老师：好，那我要是有多个电源串联，那就是 $E_1+E_2+\cdots\cdots+En$，如果右边有多个电阻串联，可以写成 $U_1+U_2+\cdots\cdots+Un$，可以吗？

学生：可以。

老师：那么，这个结论是什么呢？就是我们今天要学习的基尔霍夫定律，难吗？

学生：不难！

老师：如果170年前你发现了这个规律，就可以用你的名字命名这个定律，你看看，他大学发现的，你现在高中就发现了，那这个用文字描述起来，怎么说的呢？实际上说的是，在任意一个时刻，沿回路的绕行方向，还记得前面的绕行方向吗？一个圈的那个，沿绕行方向上各电动势的代数和等于各电阻电压降的代数和。能理解吗？

学生：能！

案例4评析：

　　本案例冯佳老师随时注意学生的兴趣和动机的强弱，及时采取强化或补救措施。在教学活动中对学生的学习活动能作出积极的反馈，例如，在老师的启发引导下，学生自己归纳总结出复杂电路的定义，给予点个赞的肯定，增强了学生的自信心和新的动机力量；关注学生的思维过程，并适当进行引导，在讲授基尔霍夫定律的形成过程时，教师先用故事的方式吸引学生，然后尊重学生的思维过程，利用已有的知识经验，启发学生自己总结推导，最后说作为高中生的我们也能总结出这个定律，如果170年前你发现了这个规律，就可以用你的名字命名这个定律，这样把难于理解的定律，深入浅出地讲给学生，易于学生理解和掌握，从而持久激发学生的学习动机。

能力训练

　　激发学习动机能力的形成有许多途径，其中，技能训练是提高能力的有效途径之一。本次技能训练将把重点放在导入技能上。（导入技能的定义、构成要素参见阅读材料四）

　　（1）请根据自己的理解，结合工作实践，给出导入技能的定义。

_____

_____。

　　（2）我们知道一个完整的故事要具备六要素：时间、地点、人物、起因、经过和结果。

导入技能是我们每位老师上课都要用到的教学行为，您认为一个好的导入技能有哪些基本要素？

（3）导入技能构成要素的示例。

 示例1

用基尔霍夫电压定律分析复杂电路

（本案例由电气工程学校　冯佳提供）

学习目标	结合岗位工作内容创设情境，引领学生进入职业角色，激发学生学习兴趣。		
时间	教师行为	学生行为	技能要素
2分钟	共同学习一个新的任务，请大家看一下这个任务的任务描述，看的同时，请同学大声地朗读这个任务	读任务：公司质检部门在检验装配车间生产的一批节能台灯样机时，发现存在爆灯现象，现在请你作为检修员，找出故障原因	创设情境 引起学生注意 激发学习兴趣
1分钟	请大家回答两个问题： 第一，今天我们要从事的工作岗位是什么？ 第二，工作任务是什么	学生：工作岗位是电子维修	
	你们同意吗	学生：不同意	
3分钟	那好，请坐。谁有不同的答案？来，你来说，大家同意吗？同意的请举手。环顾全班，基本上都举手表示同意。好，请坐。那我们今天的岗位是检修员。跟我们前面学习的任务不一样，前面学习过装配，学习过调配，从这个任务开始，我们来接触一个新的工作岗位：检修员。那么第二个问题，我们今天是要干什么呢	学生：工作岗位是检修员 学生：查，那个爆灯的原因	提出问题 引发思考
	把这个话说顺了，任务是什么？ 什么故障	学生：找出故障原因 学生：爆灯现象故障原因	
1分钟	这就是我们今天要做的工作，找出爆灯的故障原因	渴望解决这个问题	明确学习任务，形成学习动机。进入课题

示例2

设计水的原画

（本案例由海淀艺术职业学校 姜玉声提供）

学习目标	引起学生的注意，使学生对"设计水的原画"产生兴趣		
时间	教师行为	学生行为	技能要素
2分钟	请同学们听一段声音，分辨一下是什么发出的声音？ 播放第一段声音 播放第二段声音	学生：水滴 学生：山洞里的水滴 学生：压水的声音 学生：海 学生：海风、海浪	创设情境 引起学生注意 激发学习兴趣
2分钟	我们通过这样的声音片段，都联想到水。那么，请同学们看下面的三张动态图片。 第一张是什么？ 第二张是什么？ 第三张是什么	学生：山洞里的水滴 学生：瀑布 学生：海浪	提出问题 引发思考
1分钟	动画里的直观形象也给了我们水的感觉，我们从音频、视频的效果都联想到水。那么，今天我们就完成水的原画设计		明确学习任务，形成学习动机。进入课题

示例3

EXCEL 图表的应用

（本案例由朝阳职业学校 毛正莲提供）

学习目标	引起学生的注意，使学生对"EXCEL 图表的应用"产生兴趣		
时间	教师行为	学生行为	技能要素
2分钟	播放《"电梯惊魂"何时休》的视频	学生观看	创设情境 引起学生注意
2分钟	提问：中国近几年的电梯事故率是上升趋势还是下降趋势？让我们用数据来说话，你能快速从如下数据表中找到答案吗？ 年份 / 万台事故率 / 万台死亡人数 2002年 / 1.6 / 1.35 2003年 / 1.3 / 0.95 2004年 / 0.65 / 0.5 2005年 / 0.65 / 0.5 2006年 / 0.55 / 0.45 2007年 / 0.35 / 0.3 2008年 / 0.3 / 0.25 2009年 / 0.33 / 0.24 2010年 / 0.26 / 0.17 来源：中国质检网	学生：下降趋势，但速度较慢	提出问题 引发思考

内嵌数据表：

年份	万台事故率	万台死亡人数
2002年	1.6	1.35
2003年	1.3	0.95
2004年	0.65	0.5
2005年	0.65	0.5
2006年	0.55	0.45
2007年	0.35	0.3
2008年	0.3	0.25
2009年	0.33	0.24
2010年	0.26	0.17

续表

时 间	教师行为	学生行为	技能要素
2分钟	近年我国电梯事故率统计 电梯万台事故率 电梯万台死亡人数 2002年　2003年　2004年　2005年　2006年　2007年　2008年　2009年　2010年 从图表中呢	学生快速：下降	
1分钟	很显然，图表能更清晰、直观地表达信息。这就是我们今天要学习的内容：EXCEL图表应用		明确学习任务，形成学习动机。进入课题

（4）写出自定课题的导入教案。

学习目标			
时　间	教师行为	学生行为	技能要素

反思提升

1.本专题的学习要点是：＿＿＿＿＿＿＿＿＿＿＿＿＿＿＿＿＿＿＿＿。

2.通过学习，您现在对"有效激发学习动机"的理解在哪些方面有了提高？请结合教学实例谈一谈自己的体会。

3.您对我们的宝贵建议是：＿＿＿＿＿＿＿＿＿＿＿＿＿＿＿＿＿＿＿.

＿＿＿＿＿＿＿＿＿＿＿＿＿＿＿＿＿＿＿＿＿＿＿＿＿＿＿＿＿＿＿＿。

阅读材料

一、有关动机的教育心理学理论

美国教育心理学家维特罗克（M.C.Wittrock）在他的学生学习的生成模式中，提出了关于主动学习的基本观点：第一，学习过程中，人脑并不是被动地学习和记录输入的信息，而是主动地构建对输入信息的理解。这表现为主动地选择一些信息，又无视一些信息，并从中进行推论。第二，人们在生成所知觉事物的意义时，总是与以前的经验相结合，即总是涉及其原有的认知结构与认识过程经验。这一观点说明，学生有效学习活动的生成并不完全依赖外部的信息刺激，而必须是有目的地主动学习；而在感知和构建事物意义时，又总是受原有认知结构的影响。维特罗克进一步指出了激活主动学习的条件：首先是长时记忆中存在着影响个体知觉和注意的各方面内容，其次是有以特殊方式加工信息的倾向。这说明新知识的刺激若与原有知识经验完全脱节，就不能激活学生的主动学习，必须以特殊方式引起学生加工信息的倾向，即对教学活动的目的、任务进行方向性的指引。

瑞士教育心理学家皮亚杰指出，每个学习者头脑中都有一个认知结构。外界环境的刺激首先作用于认知结构。只有认知结构倾向于它才能被知觉，否则，视而不见，听而不闻。皮亚杰认为，并不是所有外界刺激都能引起知觉从而产生学习，只有当认知结构与外界刺激发生不平衡时，才能引起学习的需要。这说明，要引起学生的主动学习，不仅要使外界刺激与原有认知结构建立联系，而且还要构成某种矛盾引起心理的不平衡。关于这一点，我国历史上的教育家孔子在《论语·述而》中也早已指出："不愤不启，不悱不发。"朱熹注云："愤者，心求通而未得之意；悱者，口欲说而未能之貌；启，谓开其意；发，谓达其辞。"

从以上教育家们的论述可以看出，教学要真正取得效果，则学生必须是有目的地主动学习，这说明了导入的必要性。学生产生主动学习的倾向是有条件的，这些条件说明，教师提供的学习材料必须与学生的原有认知结构构成某种关系，即建立联系并引起心理上的不平衡，只有当学生在心求通而未得之意、口欲说而未能之貌的状态下，学习活动才能真正地展开，充分说明了导入的重要性和导入活动的基本任务。

二、学习动力因素

学习动机在心理学中一般是指学习活动的动力因素。学生在学习中的动力因素是多种多样的。有关调查指出，学生学习的动力因素主要有以下几个方面：

（1）学科内容有趣。

（2）教师讲课生动，听得懂，记得住。

（3）学习能启发思维，锻炼思维。

（4）有课外读物、课外活动。

（5）学得好，对升学考试有用。

（6）在将来的社会生活中有用。

（7）为将来找个好工作。

（8）家长要求，好朋友的影响。

（9）学校开设了这门课，不得不学。

归纳这九个方面的动力因素可以看出，学习的动力一般可分为三种，即推力、拉力、压力。推力是学习主体对学习内容和学习活动本身的追求，是一种发自主体内心的学习愿望或要求，如上面（1）~（4）方面的动力因素；拉力是学习活动的结果和外界环境对学习者的吸引作用,如上面(5)~(7)方面的动力因素;压力一般是指客观现实对主体的要求,它迫使主体从事学习活动,如上面(8)和(9)方面的动力因素。这三种作用力中,压力不是单独作用成分,它或者转变为拉力,或转变为推力,才能促使主体从事环境要求于他的学习活动,而不能单独、直接地产生学习动力。学习动机不是单一因素,它的各个因素也不是孤立地起作用,而是相互联系的。确切地说,学习动机是引起学习活动的动力机制。

三、学习动机的基本结构

学习动机的有机作用成分是推力和拉力。作为主体学习愿望的推力,实质上是主体的一种学习需要。而只有当主体对他要完成的学习活动的结果有某种期待时,学习活动才会对他有吸引力,所以,拉力实质上是对学习结果的期待。学习需要和学习期待是学习动机的两个基本构成要素,两者相互制约、共同作用,形成学习动机系统。

学习需要是学习动机的基本构成要素之一。它是主体的一种追求学业成就的倾向,它的主观体验形式是学习者的学习愿望或学习意向。学习需要主要由三种因素构成,即认知需要、交往需要和自我提高需要。认知需要是一种要求知道和理解事物、要求掌握知识以及系统地阐述并解决问题的需要。认知需要直接指向学习活动或学科内容本身,并以接受刺激、获得知识为满足。实验表明,人有接受刺激的需要,而任何一种新知识,如果使主体感到和他原有知识不协调就是一种刺激,主体就会产生趋向这种刺激的倾向。认知需要是学校情境中最重要、最稳定的学习需要。

交往需要是指在人与人的交往中,个体希望获得长者或同学集体的赞许或受纳的需要。它不直接指向知识本身,而是把学习作为赢得赞许或受纳的手段。

自我提高的需要是指由学业成就获得地位和威望的需要。和交往需要一样,自我提高需要也不直接指向知识本身,而是指向赢得地位和自尊,并指向未来的学术和职业方面的地位和成就。

学习期待是学习动机结构的另一个基本构成要素。学习期待和学习目标相关,但又不等于学习目标。学习目标是外在的对学习活动所要达到的某种预想结果。学习期待是学习目标在主体头脑中的反映。事实表明,只有当能满足这种需要的目标或期待同时存在时,才能使主体把活动指向确定的方向,才能激发学习的积极性,实现学习活动。学习需要是学习动机结构中的主导成分,学习期待是形成学习动机的必要条件。所以,具体来说,导入技能的任务是引起学生的学习需要、形成学习的期待。

（引自《微格教学论》——有关导入技能的研究及理论）

四、导入技能的定义及构成要素

1. 导入技能

导入技能是教师在新的教学内容或教学活动开始时,运用多种方式,引起学生注意,激发学习兴趣,明确学习目标,形成学习动机的一类教学行为。

2．导入技能的构成要素

（1）引起注意：导入的首要任务是使与教学无关的学生活动得到抑制，让学生迅速投入到新的学习中来，并使之得到保持。

（2）引起兴趣：导入就是用各种方法把学生这种内部积极性调动起来。

（3）激发思维：通过导入启发学生积极思考问题，为学习新知识奠定基础。

（4）明确目的：在导入的过程中，只有使学生明确学习目的，才能将学生的内部动机充分调动起来，发挥其学习的积极性和主动性。

（5）进入课题：通过导入自然地进入课题，使导入和新课题建立有机的联系，发挥导入的作用。

3．导入设计的原则

（1）要明确导入的目的——设置的问题情景指向教学目标，应该使学生初步明确要学什么、要解决什么、怎么学。

（2）要注意连接——学习情景的设置应在分析新知识的逻辑意义和学生的认知结构的基础上进行的，建立两者的实质性联系。

（3）要注意激发学生的情感——引用的材料尽可能直观，引人注目，要密切联系学生的实际，教师要富有情感，能感染学生。

（4）要掌握好时间——导入是引子，不宜过长，在3~5分钟范围内为宜。

（摘自孟宪凯《教学技能有效训练》）

专题四　教学媒体恰当运用

学习目标

理解：教学媒体对教学的作用。

学会：选择教学媒体的依据。

掌握：教学媒体的选择方法。

运用：运用教学媒体的策略。

问题提出

随着教育信息化的深入，教学媒体在教育教学中的地位越来越重要，教师越来越重视开发多媒体教学资源、实施多媒体课堂教学。请您参与我们的活动，分享一下您在教学中的宝贵经验吧。

◆调查内容

下面各项均为教学媒体在教学中的功能。请根据您的教学实践经验，标出您在教学中应用过的功能（至少一项），并结合教学实例，分享您的具体做法或经验。

教学媒体功能	应用过	不确定	未应用
提供事实，建立经验			
展示事例，开阔视野			
呈现过程，形成表象			
欣赏审美，陶冶情操			
演绎原理，启发思维			
提供示范，正确操作			
归纳总结，复习巩固			
设难置疑，引起思辨			
举例验证，建立概念			
创设情境，引发动机			

请与您的小组成员互相分享您的教学媒体实践案例，说说各自的观点。

◆自主案例分析

请看下面的教学案例，谈谈您的看法？

▌▌案例

> 在《电工基础》一节实现调节灯泡的明暗的课上，基本要求是学生掌握原理并具备连接的能力。对于该内容的教学，两位教师有不同的设计。
>
> 甲教师首先带领学生观看演示动画，学生自主探究灯泡的明暗可调节的原理，然后绘制电路图，并连接电路，实现其功能。
>
> 乙教师直接出示标准电路图，讲解工作原理，并告诉学生："今天我们按照这个电路图进行连接。"

请您分析一下，以上两位教师的教学实施效果会相同吗？如果不同，可能对学生的能力培养会有哪些差异？

甲教师：_____。

乙教师：_____。

对"教学媒体恰当运用"能力要点的解读

《北京市朝阳区职业高中专业教师教学能力检核标准》对"教学媒体恰当运用"的检核标准见表4-1。

表4-1　"教学媒体恰当运用"的检核标准

能力要点	合　格	良　好	优　秀
教学媒体恰当运用	能够根据教学目标和内容运用教学媒体。能够运用信息化教学手段	能够根据教学目标和内容合理选择并适当运用教学媒体。调动学生的学习主动性，具有信息化教学设计的初步能力	能够根据教学目标和内容合理选择、设计制作并恰当运用教学媒体。能较好地应用信息化教学手段实施教学

一、什么是"教学媒体恰当运用"

随着现代教育技术的不断发展，教学媒体运用作为一种重要的教学辅助手段，在课堂教学中发挥着越来越重要的作用。那么，什么是教学媒体？我们又该如何运用教学媒体呢？

1.教学媒体的含义

媒体是承载、加工和传递信息的介质和工具。当某一媒体被运用于教学目的时，则被称为教学媒体。除教科书等印刷类材料、黑板、模型、实物等传统媒体外，还有基于网络及计算机、平板、手机等智能终端的教学新媒体，如文本、图片、音频、动画、视频等。

教学新媒体并不能完全取代传统教学媒体，如黑板板书，依然在课堂教学中发挥着重要的作用。

2．什么是恰当运用教学媒体

教师要充分理解各种教学媒体在教学中的辅助作用，并能够根据学习内容的需要、学生的特征、教学目标的要求、教学策略以及学校的条件等来选择恰当的教学媒体，以学生为主体，引导学生自主探究，激发学生的学习兴趣，加深学生对教学内容的理解和掌握，发挥教学媒体应有的作用。

二、"教学媒体恰当运用"的意义

正确理解和使用教学媒体，对教学质量和学生素质的提高具有重要的意义。在教学中有以下体现：

第一，利用媒体的直观特性，调动学生的情绪、注意力和兴趣。并能够突出重点，突破难点，有助于概念的理解和方法的掌握。

第二，利用媒体交互特性，吸引学生参与的积极性，学习更为主动，使针对不同层次学生的教学成为可能。并通过创造反思的环境，有利于学生形成新的认知结构。

第三，利用媒体的拓展特性，通过视频或虚拟仿真实现对普通实训的扩充，并通过对真实情景的再现和模拟，培养学生的探索、创造能力及专业感知。

教师要深入了解媒体的特性，依据教学目标、教学内容、教学对象、教学条件灵活运用各种媒体，优化教学过程，提高教学效果。

三、"教学媒体恰当运用"的关键要素

根据《北京市朝阳区职业高中专业教师教学能力检核标准》对"教学媒体恰当运用"的检核标准，确定"教学媒体恰当运用"的关键要素见表4-2。

表4-2　"教学媒体恰当运用"的关键要素

能力要点	关键要素
教学媒体恰当运用	1.教学媒体选择的依据 2.教学媒体选择的方法 3.运用教学媒体的策略

教学媒体的选择与运用是教学设计过程中的一个重要内容。如果教学媒体选择与运用不得当，不仅达不到优化课堂教学的目的，反而会给人以画蛇添足之感，严重的甚至会干扰、影响课堂教学的效果。

1．教学媒体选择的依据

（1）依据教学目标。

教学目标是教师对学生学习成果的预期，其是指导和控制教学活动过程运行的基础。在媒体的选择过程中，必须考虑教学目标的需要。对于认知领域、情感领域和动作技能领域不同目标的培养，更需要考虑教学媒体的差异。

如要求学生知道或理解某些具体概念或原理时，可以考虑选择演示动画了解其运行原理；如对学生难以理解的教学难点，可以选择一些视频、动画等媒体，增加学生的感性认识；

又如在实训后，教师要对技能进行归纳和总结，可以与学生一起用简洁的板书呈现，便于学生理解和记忆。

例如，《西餐英语》课程教学内容之一为掌握介绍菜品的句式与在特定岗位工作情境进行会话，这是两个不同的教学目标。前者的教学媒体应用可以采用学件，对照标准句式用法及语音自主学习，使学生形成清晰的语法规则；后者的教学媒体应用可以利用情境视频及记录对话练习，使学生在情景交融的沟通条件中掌握正确的语言技能。

（2）依据教学内容。

各门课程的性质不同，适应的教学媒体会有所区别；同一课程内容设置不同，对教学媒体也有不同要求。应依据教学内容选择合适的教学媒体，才能满足教学需求。

如在《银行柜台》课程的实训环节中，最好通过能提供某些情景的媒体，使学生有亲临其境的感受，以培养他们对实训环境、实训对象和实训任务的认知，使之加深理解和体会。又如《电工基础》课程中的概念和原理都比较抽象，要经过分析、比较、综合等一系列复杂的思维过程才能理解，最好使用动画演示原理、实际应用视频等，能较好地支撑概念的建立和原理的认知。

每种教学媒体均有所长，也有所短，教师要根据具体教学情况来选择适用的教学媒体，扬长避短。常见教学媒体与教学内容的关系见表4-3。

表4-3　常见教学媒体与教学内容的关系

教学媒体	特　点	适用教学内容
文本	准确、有效地传播教学信息	适用于概念、定义、原理的阐述，问题的表述，标题、菜单、按钮、导航等。尤其是在表达复杂而确切的内容时，人们总是以文字为主，其他方式为辅
图片	帮助分析、理解教材，解释概念或现象，通常包括图形和图像	主要用于背景、插图、图形交互区以及图形按钮等处。它可以形象、生动、直观地表示出所要传达的大量知识信息。图形通常用于表征各种几何图形及形状不复杂、颜色不丰富的事物；图像在多媒体教学软件中应用最多，从界面、背景到各种插图，基本上都选择图像
音频	是记录声音最直接的形式，对记录和播放的环境要求不高	用于语言解说、背景音乐、效果音、营造气氛，制造情景、课文朗读等方面。有利于限定和解释画面。能调动学生的听觉意识，集中学生的注意力。广泛应用在各类教学过程中
动画	能提供运动景象，能模拟事物的变化过程，说明科学原理	它是一种动态媒体，可以突出强化事物的本质要素，生动而有趣，有利于激发学生的学习兴趣和积极性。可以用来模拟事物的变化过程、说明科学原理，利用动画来表现事物有时会比视频的效果更好
视频	对现实世界的真实记录，信息量比较大，具有超强的感染力	适用于播放学生感觉陌生的事物，在呈现事物图像的同时伴有解说效果或背景音乐。在呈现丰富画面时，也可能传递许多无关信息。要注意带着一双慧眼识别，在教学紧要处和关键处使用，能起到画龙点睛的环节

（3）依据教学对象。

不同年龄段、不同学段的学生对媒体的感知能力和接受水平是不一样的，甚至一个班级内认知能力差异也较大。面对不同的学习者，只有选择适宜有效的教学媒体，才能取得最优的教学效果。因此，选用教学媒体时必须考虑学生的年龄特点、心理认知和学习基础，充分利用媒体的优势激发学生的学习兴趣，发展他们的学习能力。

例如，对于中职学生而言，他们的抽象思维普遍不强，注意力容易分散，因此，尽量使用动画、视频和图片等能生动形象表达信息的媒体。中职学生的另一特点是不善于总结归纳，可以利用课件等媒体通过图表辅助总结、梳理。

（4）依据教学条件。

教学条件包括硬件条件与师生条件。教学中能否选用某种媒体，要看当时当地的具体环境，并考虑有哪些约束条件，如设备数量、管理制度、学生分组、安全性等方面。同时，要考虑所选择的媒体，教师本人能否熟练地操作，以及运用该媒体是否有助于发挥自己的教学特长。

由于受教学条件的制约，在选择媒体时要遵循"经济有效、切合实际"的原则。既满足教学需要，也不会造成浪费，使学生花最少的时间，用最简洁的方式，获得更多的信息。

例如，一位语文教师在设计制作《赤壁之战》的课件时，并没有运用大家都比较喜欢使用的图像和视频动画，而是仅仅通过各种声音效果的剪辑，模拟赤壁之战的情节，学生连箭射在船身上时箭杆振动的声音都能听得出来。教师带领学生默读课文，学生通过音效的调动与渲染，能够非常好地想象出这场中国历史上的著名战争。

2．教学媒体选择的方法

教学媒体的运用与选择是非常关键的。通常教师会把应用的各类媒体集成在教学软件（如多媒体课件）中，一个优秀的多媒体课件通常是集文本、图形图像、视频、动画、声音等各种媒体于一体，所以，无论是从媒体的选择上还是结构设计上，都需要精心设计；否则，容易出现各种问题。例如，通篇的文字堆砌，图用得很杂，色彩搭配不协调，还有的加入一些无关的视频和动画效果等，造成作品质量不高，缺乏可欣赏性和实用性。

那么，如何选择教学媒体，才能较好地发挥教学媒体的作用呢？

（1）依据媒体特点合理选择。

常见的教学媒体，即文本、图形图像、视频、动画、声音等信息都具有自身的特点。

各种教学媒体的特点及与教学内容的对应关系见表4-3。

需要说明的是，表4-3中显示的媒体与教学内容的对应只是参考，不要给媒体贴标签，从而限定了媒体的作用。

（2）依据品质需求适当选择。

一般情况下，同一内容但不同格式的媒体如果在计算机中存储所占空间越大，其质量就越好，如视频、图片、音频等。但高质量的媒体导致文件过大，不方便传输，浪费系统资源，尤其目前很多课堂会使用网络与智能终端利用媒体教学，对媒体的要求是适合网络传输。所以，选择媒体文件时，一定要选择质量适中、大小适中的文件，才能确保证我们的作品既小巧，质量又好。

图片媒体，常见的图片格式有 BMP、JPG、TIF、GIF。如果是作为背景或主要表现的内容，则一般使用 JPG 格式的文件，大小控制在 20 ~ 200kB 之间；如果是一些小图标、小LOGO，一般使用 GIF 格式的文件，大小控制在 100kB 以下。

音频媒体，常见的音频格式有 WAV、MID、MP3、WMA、RA。一般情况下，作品制作中使用 WMA 或 MP3 格式的音频文件，流量控制在 16 ~ 128kB/s 之间。

视频媒体，常见的视频格式有 AVI、MPEG、DAT、VOB、RM、WMV、ASF 等。一般情况下，作品制作中使用 WMV、MPEG 格式的视频文件，流量控制在 250kB/s 左右，即可保证视频画面清晰、平滑。

动画媒体，常见的动画格式有 GIF、SWF、MOV。一般情况下，作品制作中使用 GIF、SWF 格式的动画文件，其中，GIF 文件比较小，动画形式相对简单，适用于修饰性的小卡通动画；SWF 格式的动画适用于要求情节表现比较丰富的内容，例如，模拟再现物体的运动过程，化抽象为形象，而且交互性很强，播放流畅，大小一般控制在 10MB 以下。

（3）依据搭配要求适当选择。

各种媒体在运用时，往往需要混合应用，应保持其和谐一致。

例如，当声音作为背景音乐在课件中出现时，要以轻柔、典雅为美，音调不能过于高亢和嘈杂；然而，当声音作为内容配音时，声音都应吐字清晰，洪亮，语调错落有致，易于使用者接受。若视频与声音同步进行时，即以声音作为文本或视频内容的解说时，要做到要音像同步，保证声音与画面内容配合得当，避免出现解说与画面"错位"的现象。

（4）依据需求进行适当加工。

大多数媒体不能直接使用，需要根据需求进行加工，使媒体与需求相符。

无论是从网上下载的素材还是通过其他方式，例如，扫描，拍摄、录制等方式获得的素材，其大小尺寸、颜色、亮度及具体内容等方面往往不一致，这就需要利用相应的素材处理软件来进行加工。将无关的信息裁掉，或纠正与主题不符的信息。如使用图像处理软件 Photoshop 或视频加工工具 Ulead Video Studio 或音频处理软件 Cool Edit 等。

例如，某法律课案例引用了一段庭审视频，意欲说明某法律条款。但原视频案例有半个小时，课上仅需要案情介绍及判决。教师采用会声会影软件进行剪辑，案例时间变为5分钟，大大缩短展示时间，提高了学习效率。

总之，在选择媒体时，要充分考虑各种媒体的应用效果，适当加工，合理运用。

3．运用教学媒体的策略

有了好的教学媒体就能达到优质的课堂教学效果吗？显然还不够，还需要学会恰当地运用各种媒体。

那么，教师在教学中如何恰当地运用媒体，才能达到较好的教学效果呢？

（1）利用媒体创设教学情境。

中等职业学校的职业教育是就业教育，是培养"准职业人"的教育，其围绕培养学生专业技能和职业能力开展专业教育教学活动。在专业课堂上以企业车间或生产经营为模式创设真实工作情境，在情境教学中开展进行岗位适应性的教学活动，可以有效促进学生职业能力的发展，提升专业教学的质量，同时也能培养具有实践经验的专业教师，改革教学方案，以项目教学为驱动实施教学。

恰当运用媒体创设情境，利用音频、视频等媒体，直观、形象、新颖、生动地表现生产经营的真实工作情境，能够直接作用于学生的多种感官，激发学生的学习动机，使表现的情境更真实、更直观、更具吸引力，更能体现真实的岗位工作内容，同时也满足了学生对岗位工作的认知需求。

例如，《饭店服务》教学应当让学生感受岗位工作的实际场景，在"工作场景"的氛围中学习，从而了解和感知饭店服务人员的职责，构建学生基于工作场景的学习能力和职业理念。而该校实训的条件有限，实训课也只能在教室里进行，学生难以感知相关岗位的工作场景。教师先给学生播放依据岗位要求设置的工作任务的情景视频，并通过角色扮演，快速将学生置身于具体的企业、具体的工作场景、具体的工作业务、具体的工作岗位中，既培养了学生的职业意识和职业品质，掌握了实际工作技能，又体验到学习的乐趣和成就感。

（2）利用媒体改变学习方式。

媒体的适当运用，使个性化学习、自主学习、互促学习成为可能。媒体技术的交互性有利于学习方式的变革，媒体具有的视听功能与计算机的交互功能结合在一起，产生出一种新的图文并茂、丰富多彩的人机交互方式，使学生产生强烈的学习欲望，从而形成学习动机，产生激励，实现教学导向功能。

利用媒体提供的条件，依据一定的教学思想与理论，去创建有效的以学生为中心的学习模式，正在迅速发展。这种学习模式比较常见的设计为：利用媒体去设置教学情景，采用发现和探究式的学习方法，在教师指导下，学生通过教师提供的媒体进行学习，不断发现问题，不断解决问题，直至达到掌握教学目标要求的知识与能力。

例如，电气工程学校李军玲老师建立了课程微信平台，在学生的课前、课中、课后学习中都发挥了巨大作用。课前，学生运用有效资源进行预习，学生可以根据反馈将预习情况上传；课中，学生运用作品上传、互动讨论、小组评价等环节进行课堂即时互动交流；

课后，学生针对成长足迹中记录的课堂反馈情况进行有效复习。这大大提升了学生的学习效能，满足了学生的随时随地随需学习，便于学生开展探究学习、基于问题的学习，从而培养与发展学生的自主学习能力。

（3）利用媒体开展多元评价。

在教学实践过程中，评价是很重要的环节。评价是以教学目的为依据，制定科学的标准，运用有效的技术手段，对教学活动过程及其结果进行测定、衡量，并给以价值判断。

适当运用媒体，实现多元评价。多元评价包含评价标准的多元、评价主体的多元、评价形式的多元。在实际教学中，利用调查派、问卷星、星点调查、问卷网、UMU 等工具，教师可以快速为学生创建开放型的网络平台，通过有效的评价与反馈手段引导教学互动，进行即时评价，为教师教学的决策提供量化数据，也能培养学生自主学习的能力，记录学生成长的过程，从而实现"培养一个独立的学习者"的最终教育目标。

例如，在《中餐热菜》课堂，教师在学生完成实训任务的过程中，观察学生操作，并使用手机及时记录实训操作中的亮点和不足。在评价环节，教师将手机连接至计算机，使用"时时投影"在投影屏幕播放拍摄的照片和视频，进行学生自评、小组评价和教师评价。这种方式解决了过程性评价很难记录的问题，不仅可以展示学生作品，还可以发现实训中出现的错误流程、不良习惯以及卫生、安全等问题。

（4）利用媒体解决教学难点。

根据教学难点设计、运用多媒体教学，可以变抽象为具体，调动学生各种感官协同作用，解释教师难以讲清、学生难以听懂的内容，从而有效地实现精讲，提高教学效率。

例如，《会计基础》这门课程本身比较枯燥，对于刚来到职业中学接触专业课的学生不知道如何去学习。尤其是第二章第三节的会计恒等式内容，理论性强，综合抽象，是会计教学中令所有教师棘手的教学内容，更是教学中的重点和难点。为此，教师制作了一段微课视频，借用了一个天平，一边是资产，一边是负债和所有者权益，当发生经济业务时，就在天平上放取砝码，不管业务多复杂，最后天平都是保持平衡；通过直观的动画视频，学生很容易理解为什么会计业务发生变化后不影响会计公式的平衡。学生在课前观看过微课视频后，对原理有了初步认识，课堂教师再利用课件进行教学，轻松解决了难点，提高了学习的效率。

（5）利用媒体提高实训效果。

恰当地运用媒体，可以解决课堂上因为硬件条件限制造成的认知障碍，如时空限制、视角限制、安全限制等。

在专业课堂往往需要教师示范，但教师示范操作可视范围有限，且有些操作存在安全风险，如利用媒体技术实现多角度、全方位的示范演示，就可以较好地解决该问题。

在工科专业实训，往往会因为原料消耗大、工位不足、设备不便拆卸等问题造成实训成本过高或实训效率低下。利用仿真教学软件，采用虚实结合的实训教学手段，就能较好地解决以上问题。

例如，《综合布线技术》课程要求掌握光纤ST、SC头的制作和光纤熔接技术，但材料成本较高且该操作有一定的危险性。教师采用仿真软件，要求学生反复对光纤切割机和光纤熔接机的操作进行演练，熟悉操作规程与安全要求。仿真软件对错误操作有相应反馈，能给出错误操作说明及后果预测。连续三次演练合格后方可进行实际布线工程实训。对耗材节约、工程质量、操作安全均发挥了重要作用。

总之，面对素质教育、创新教育的要求，结合传统教学手段和多媒体教学手段开展教学，已成为中职教学改革的必然选择。教师要积极转变教学观念，灵活运用媒体策略，在教学中激发学生学习兴趣，建立以学生为中心的教学模式，充分体现学生主体作用。

案例分析

案例

《新娘手捧花》教学设计媒体应用分析

此案例来自全国职业院校信息化教学大赛一等奖作品，获奖者为北京市电气工程学校张燕、陈琢、宋晓珍老师。在本案例中，教师充分利用多媒体设备和教学道具，通过教学平台中三维虚拟仿真实训软件的学习，同时结合实训，实现了教学目标。通过该案例，能较好地理解应如何依据教学内容与教学目标等方面选择媒体、应用媒体的教学策略。

教学内容：教学单元为《中级插花员培训考试教程》项目八婚礼花饰，本课内容是新娘捧花设计制作综合任务。工作任务来自网络花店的真实订单。

知识目标：根据新娘肤色、体态、婚礼服饰等要素掌握新娘捧花设计的基本原则。

能力目标：能运用新娘捧花设计的基本原则，针对新娘个性化需求设计制作新娘捧花。

素养目标：提升设计的创新意识，提高审美素养和环保意识，树立沟通协作意识。

教学说明：本课任务依据企业在线真实订单，运用翻转课堂的教学理念及任务驱动教学法，利用数字化插花教学平台，引入微信公众号、手机APP，学生课前通过教学平台进行自主探究学习，利用三维虚拟仿真造型和微视频学习，完成能力储备。小组合作完成实训任务，通过自评与企业专家在线点评，实现专业技能与市场的对接。教学媒体应用案例分析见表4-4。

表 4-4　教学媒体应用案例分析

教学环节	教师主要活动	学生主要活动	媒体	媒体应用策略
课前准备 自主学习	根据平台统计学生自主学习结果，根据反馈结果调整教学内容	课前学习任务：观看捧花图库和视频，了解捧花造型和制作方法	捧花图库 插花操作视频	利用媒体改变学习方式，实现自主探究及翻转课堂
创设情境 明确任务	教师登录插花教学平台，进入企业在线，说明工作任务	学生登录数字化学习平台任务库，查看订单描述及要求	文字描述 任务视频	利用媒体创设情境，激发学生兴趣
分析任务 制订方案	引导任务分析，介绍评价标准和制作要求	根据要求讨论并制订设计方案。 提交效果图并上传共享区	视频 平台统计功能 虚拟仿真软件	利用媒体了解和评价学生的学习准备；利用媒体解决实训障碍
实施任务 现场插制	抓拍实操过程、学生作品上传至平台	小组依据新娘捧花仿真效果图进行课堂真实捧花插制	照片 视频片段	利用媒体记录实训过程，用于评价
综合评价 总结提升	现场连线企业专家点评并确定作品。 提炼归纳新娘捧花设计的基本原则	通过平台与企业专家在线沟通	网络视频通讯	利用媒体实现企业评价
拓展任务 课后分享	教师布置拓展任务。教师提醒学生将作品微信分享，并参与微信公众平台投票	学生在数字化插花教学平台学习库进行连线测试。 微信分享、投票	测试平台 微信分享	利用媒体进行分享与评价

能力训练

【实践活动1】恰当运用教学媒体的教案设计

【活动任务】

请您根据任教课程的其中一份教学设计或教案，按照表4-4"教学媒体应用案例分析"的方法，对媒体应用的策略进行分析，并针对问题完善教学设计。

【活动目标】

•结合教学媒体的功能与特点，通过分析，判断教学媒体是否适用。

•分析教学媒体的应用策略是否适当。

【活动步骤】

•确定教学内容和教学目标及重、难点的制定准确。

•确定对教学对象与教学条件的分析正确。

•小组讨论教学媒体应用分析表的写法。

●分析选择的教学媒体及手段,并写出媒体应用策略。如为已授课程,可在表右侧加入"教学效果"的分析。

●根据分析表,小组讨论媒体的应用是否合理、有效。

●根据建议,修改完善教学设计,形成最终文稿。

【活动成果】

设计完成时需提交如下成果:

●原教学设计、教学媒体应用分析表。

●小组意见汇总,完善后的教学设计。

【实践活动2】微课的设计及制作

【活动任务】

制作一节5分钟左右的视频微课。针对教师担任专业课程的一个知识点(如重点、难点、疑点、易错点等)或教学环节(如学习活动、主题、实验、实训等)设计制作。要求有微课脚本。

【活动目标】

●提高教师对微课的理解和开发应用水平。

●提升应用信息技术优化课堂教学和转变学习方式的能力。

【活动步骤】

●小组成员查找并观看获奖中职微课视频,激发学习欲望。

●通过网络学习,了解微课脚本制作,自主制作脚本。

●通过微课制作教学视频学习微课制作技术,下载软件,自主制作视频。

●展示制作视频,进行小组评议。

【活动成果】

设计完成时需提交如下成果:

●微课视频、微课脚本。可以包含教学设计及微教学设计。

●汇总小组对本微课的意见。

反思提升

1.通过学习,您现在对"教学媒体的恰当运用"有何理解和提高?请结合教学实际或学习成果谈谈您的体会。

2.请反思您在媒体运用策略的哪些方面还需要进一步提升?

_____。

3.您对我们的宝贵建议是:_____。

阅读材料

教育信息化涌现的十大新技术应用（节录）

中国教育报　黄荣怀

信息技术对于教育教学的影响越来越大。我们无法想象，随着信息化的发展和普及，机器人居然走上讲台，成为孩子们新的学习伙伴；教育游戏化成为另一种趋势，玩游戏也能够学习。

1. 机器人将成为未来学习伙伴

【案例】日本学者利用机器人作为协作学习伙伴

2013 年，东京北九州大学、东京大学等四家科研机构的学者设计了职业发展学习中利用机器人作为学习伙伴的实验。教师通过远程控制机器人来协调开展学习讨论，学生与机器人互动的过程都可以被记录下来，并及时反馈给教师和学生，供师生随时调整协作学习活动的进展。

2. 3D 打印技术颠覆学生动手实践

【案例】美国罗彻斯特理工学院利用 3D 打印帮助学生完成"桥梁设计"

罗彻斯特理工学院（Rochester Institute of Technology）的教师在静力学课教学中讲授桥梁结构受力时，让学生们在课程中设计桥梁，并计算桥梁的受力情况。

3. 开源硬件夯实信息技术

【案例】IBM 非洲研究院利用 Raspberry Pi 改善非洲教育质量

2013 年 12 月，IBM 非洲研究院推动改善非洲教育质量项目——将树莓派（Raspberry Pi）、传感器（sensor）和编程实践（使用 Python 和 Excel）整合到现有中学地理教材中，学生在教学过程中边做边学，以此评估技术的有效性。

4. 体感技术引发学习新体验

【案例】Kinect 技术的教育应用

目前已有的案例是微软公司开发的 Kinect 技术。Kinect 体感技术可以通过某些软件连接至投影仪，从而可以将信息投影至任何界面，并支持触控操作，用户可以在任何界面上使用当前应用。

5. 教育游戏正逐步改变学习观念

【案例】美国学科学计划"免疫攻击"3D 立体游戏

美国科学家联盟推行的"学科学计划"中有一款关于生物学习的"免疫攻击"3D 立体游戏，该游戏目前获得了良好的效果，现已被全美 14 所高中采用，有大约 1 000 个教师在使用此游戏进行教学。

6．虚拟世界中隐现"真实课堂"

【案例】英国开放大学在 Second Life 中进行教学工作

英国开放大学从 2006 年就开始在 Second Life 中进行教学工作。2009 年，开放大学购买了它的另外一座岛屿——Open Life Village。开放大学创造了一个真正与课堂平行的身临其境的三维环境，环境中有与真实环境对应的建筑物、树木和街道。

7．移动卫星车助力经济欠发达地区构建信息化课堂

【案例】巴基斯坦利用移动卫星车推送优质教育资源

巴基斯坦是儿童失学率和成人文盲率最高的国家之一。为应对这一挑战，2012 年 7 月以来，受英国国际发展部资助，巴基斯坦教育部发起了"移动卫星车"项目。该项目旨在共享优质教育资源，提升经济欠发达地区教学点的教学质量。

8．云计算环境促进学习与教学的协同

【案例】印度 Binus 中心利用 Office Web Apps 同步编辑小组文档

Binus 中心位于印度尼西亚雅加达市，致力于培养学生的高水平人力资源技能。2012 年，该中心启动了 Binus 中心教育合作伙伴计划（Binus Center Education Partner program，BCEP），覆盖幼儿园、小学、初级和高级中学。

9．社会性虚拟社区支撑大规模合作学习

【案例】欧盟 eTwinning 平台支持跨地区项目合作学习

欧盟构建的 eTwinning 平台是一个联结欧洲各国学校、教师、学生的大型社会性虚拟社区，学习者在 eTwinning 平台上可以与欧洲其他国家的学生开展项目合作学习。学习者在项目合作学习的过程中可以利用 eTwinning 平台提供的项目管理工具查看项目进展日志（Project Diary），也可以通过"Project Card"寻求支持、建议等。

10．学习分析技术支持规模化教学形式变革

【案例】美国 LC 学习分析评估系统在课堂中的应用

Learning Catalytics（简称 LC）是由两位哈佛教授和一位博士后在 2011 年开发的一种基于云技术的学习分析评估系统，现正逐步推广至美国教师的课堂教学之中。LC 支持教师对学生学习结果的监控，提供实时反馈及对学生自动分组。

专题五　教学组织方式有效

学习目标

理解：教学组织方式有效的内涵及意义。

学会：选择教学组织方式的依据。

掌握：教学组织方式有效的关键要素。

运用：能依据关键要素有效组织教学活动。

问题提出

教学组织方式和实施是课堂教学的核心，不同的教学组织方式对教学效率和教学质量有不同的影响。下面请您参与我们的活动，谈谈您如何看待教学组织方式的有效性。

◆调查内容

您是如何认识"教学组织方式"的?

A. 教学组织方式是教学任务和教学内容得以实现的基本保证

B. 学生能否学会，主要看学生是否认真听讲，与教学组织方式的关系不大

C. 教学组织方式应根据教学内容而设计，不同的教学内容所要求的教学组织方式不同

D. 采用合理的教学组织方式，有利于使教学活动多样化，有利于满足不同学生的不同学习要求，从而实现教学的个别化

E. 教学组织方式的类型包括个别教学、班级教学和分组教学等

F. 我曾经尝试过小组合作学习，前排两人向后一转，与后排两名学生一组合，就构成了合作小组，然后布置一些学习任务要求小组讨论

G. 在教学活动中，教师与学生如何组合起来发生相互作用，如何对时空条件进行有效控制和利用的问题，就是教学组织方式的问题

您的选择：_____。

您的补充：_____。

◆**分组讨论**

请看下面的案例，谈谈您对案例中出现的问题的看法和启示。

■■■ **案例**

　　案例描述：本课的教学任务是通过到北京故宫旅游这一情境的创设，提出规划故宫旅游路线的学习任务来培养学生对知识的应用能力，并通过小组合作学习共同完成主题任务的方式，培养学生与他人协同工作的团队精神。

　　课堂教学活动开始，教师首先播放有关故宫景点的录像，为任务的提出创设情境。接着教师宣布全班分成若干小组，每组6人，并推选出组长。这时教室里有点乱，学生们已叽叽喳喳的议论开了。老师让学生安静下来接着宣布任务：上网搜集故宫旅游的信息，规划好旅游路线，然后进行小组间交流、竞赛。随着老师开始的"命令"发出，教室里同时也闹哄哄起来了："老师可不可自由组队？"，"老师他不肯当组长。"……

　　无奈之下，老师只好强制规定从第一位学生开始每六位学生组成一组，并以每组的第一位为组长。有些同学极不情愿，但还是迫于老师的压力被动地接受了。然后学生们开始动手操作了。

　　要下课了，老师让每组选出代表对自己组的作品进行介绍、交流。但是没有学生主动承担任务，老师只好点名让几个组长来介绍、交流，效果一般，很多都说没有完成或不知所云。老师检查了学生的任务完成情况，有个别学生完成得较好，有的什么也没做，有的只保存了几张网页和图片……这时已经下课了。

　　1.请您指出案例中的教学组织方式是否恰当？为什么？

_____。

　　2.这个案例给您的启示是：_____

_____。

◆**自主案例分析**

请看下面的教学组织方式，谈谈您的看法。

■■■ **案例**

　　情境1：小组合作学习，经常要在每个小组中选出代表发言或展示，来汇报本组合作学习的情况和探究的结果。这些被老师指定的发言学生往往是相对优秀的学生，而"非优秀生"鲜有发言和展示的机会，成了小组合作的"看客"。

　　情境2：在一节染发实操课上，老师将学生分为4人一组，分工合作完成染发任务。小组分工是这样的：学生A负责双手固定假头，学生B负责拿着锡纸，学生C负责拿着染膏，学生D负责染发。

　　情境3：在一节插花课上，老师展示了四种插花花型，让学生选择自己最喜欢的一种。相同爱好的学生聚到一起，形成该花型的"专家组"，共同学习、制作和创作这种类型的插花；然后以"专家"身份回到"基础组"（学生按平常座次自然形成的小组），传递刚才的合作探究结果、教学效果。

以上情境中的教学组织方式是否恰当？为什么？

对"教学组织方式有效"能力要点的解读

　　《北京市朝阳区职业高中专业课教师教学能力检核标准》中对"教学组织方式有效"的检核标准见表5-1。

表5-1　"教学组织方式有效"的检核标准

能力要点	合　格	良　好	优　秀
教学组织方式有效	能够根据教学目标、内容，采用恰当的方式组织教学。组织自主学习、小组合作、全班讨论等教学活动	能够根据学习需要和特定学情，组织同位交流、小组合作、全班讨论、社会实践等学习活动	能够利用真实或仿真环境组织学做结合的学习活动，能够掌握恰当分组、有效分工、控制时间等技能

一、什么是教学组织方式有效

1. 教学组织方式

　　教学组织方式是根据教学的主观条件和客观条件，从时间、空间、人员组合等方面考虑，进而安排教学活动的方式。

　　我国现在的教学组织方式是班级授课制。在班级授课制下的教学中，师生间、生生间的交流存在着多种组合方式，同位交流、小组合作、全班讨论是其中重要的教学组织方式，是对班级授课制的补充。

2. 教学组织方式有效

　　教学组织方式有效是指教师能够依据教学目标和教学内容，根据学习需要和特定学情，有效控制和利用时空条件，组织学做结合的学习活动，调动学生参与活动的积极性，提高教学实效性。

二、教学组织方式有效的意义和作用

　　教学组织方式的合理有效运用是有效教学得以实现的基本保证，它对教学效率、学业发展、人际交往、身心健康等构成教学有效性的指标具有重要的能动作用。

1. 教学组织方式对教学效率和教学质量有重要影响

　　不同的教学组织方式对教学效率和教学质量有不同的影响。与个别教学相比，班级授课制在教学效率上的提高是显而易见的。目前，在学校的教学实际中是将这些组织方式综合起来运用，有时也根据不同的需要采用不同的组织方法。

2．教学组织方式对学生知识技能的掌握、个性的形成、情感的发展有一定影响

不同专业、不同课程的教学适合采用不同的教学组织方式来进行，教授不同的知识、技能，应灵活运用不同的教学组织方式，以达到教学的最优化。另外，教学组织方式决定了课堂师生交往方式、交往氛围和交往风格，这就间接影响到学生的个性和情感发展。

3．教学组织方式有利于使教学活动多样化

同位交流、小组合作、全班讨论的活动方式有效弥补了班级授课制下教学的局限性，具体采用哪种教学组织方式需要教师对教学内容作客观的分析，对学生的发展水平、活动中可能出现的情况作充分的预计后，再灵活地运用并创新教学组织方式。合理的教学组织方式有利于教学活动多样化，并满足不同学生的不同学习要求。

三、教学组织方式有效的关键要素

根据《北京市朝阳区职业高中专业课教师教学基本能力检核标准》对教学组织方式有效的检核标准，确定教学组织方式有效的关键要素见表5-2。

表 5-2 教学组织方式有效的关键要素

能力要点	关键要素
教学组织方式有效	1. 选择教学组织方式的依据 （1）依据教学内容 （2）依据教学对象 （3）依据教学环境 2. 小组合作学习的教学组织方式 （1）合理分组 （2）明确分工 （3）控制时间 （4）良性竞争 （5）团队评价

1．选择教学组织方式的依据

选择恰当的教学组织方式，需要教师在对教学内容、教学对象和教学环境等情况作出客观分析的基础上进行选择。

（1）依据教学内容。

在选择教学组织方式时，首先要考虑教学内容。教学内容的性质不同，要考虑采用不同的教学组织方式。如果教学内容是传授专业理论知识，比较适合选择集体教学的方式；如果是培养学生的操作能力与技巧，可能小组教学或个别教学更适合；如果教学内容比较复杂，可以考虑多种教学组织方式的整合。

另外，不同的教学内容，如难易程度不同，或复杂程度不同，也可以采用不同的教学组织方式。有些教学内容，例如利息和保险的计算，有的教师组织学生到银行、信用社、保险公司等去访问、调查，采取社会实践的方式，将教学内容活动化、社会化，更能激发

学生的学习兴趣，收到很好的教育效果。

（2）依据教学对象。

从教学对象看，不同年龄阶段的学生在身心发展方面存在着差异，而中职学校不同专业、不同年级的学生在个性特点、专业知识水平和能力方面也会存在差异，在选择教学组织方式时必须顾及这些差异，采用合适的教学组织方式。例如，专业实操课教学，学生的学习能力存在差异，对专业技能的掌握程度不同，教师如果集体指导，效果不好；个别指导，效率不高；这种情况下就适合选择小组合作的教学组织方式，发挥优秀学生的引领作用，使教学效率和教学效果均得以提升。

（3）依据教学环境。

作为职业学校的专业课教师，在选择教学组织方式时，还应该考虑到教学环境的影响，这也是教学能否实现最优化的一个重要方面。这里讲的教学环境主要是指设施环境，包括教学场所、仪器设备、教学用具等。教室、实训室等教学场所是开展教学活动必要的空间条件；仪器设备、教学用具等是师生发生互动的中介和传递教学信息的媒体。教学环境，尤其是专业实训课的教学环境，对教学活动的正常进行、教学效果有直接的影响。在校内生产性实训时，如机电维修、楼宇智能、烹饪等专业的实训课，在真实或模拟仿真的实训环境中（图5-1～图5-5）采用现场教学的组织方式，实现"教""学""做"一体化，提高课堂教学质量，进而提高技能人才培养的质量。

图5-1　模拟银行实训室

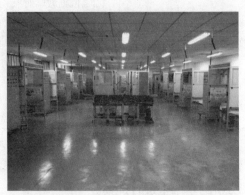
图5-2　照明和供配电实训室

图5-3　楼宇综合技能实训室

图 5-4　中餐热菜实训室　　　　　　　　　图 5-5　西餐热菜实训室

2．小组合作学习的教学组织方式

（1）合理分组。

合理分组，是有效开展小组合作学习的前提。常见的分组方式有以下几种：

1）按照工作岗位标准分组。

不同岗位所规定的工作职责、人员数量、素质要求、专业知识和劳动技能要求等均有不同，分组时要针对不同工作岗位标准的不同，因岗而异，这样分组才更加科学合理。例如，会计岗位要求独立完成账务操作；电工岗位要求必须双人上岗，其中一人作业，另一人监护；而影视后期制作岗位则往往是项目组合作完成工作。再如，在校内生产性实训时，按照岗位标准分组，组成车间班组，教师主要充当车间主任与技术主管的角色，进行整个车间的生产组织、过程监控、技术咨询和质量控制等。按照企业班组管理方式进行实训，让学生身为企业员工体会工作过程，更有利于培养学生的职业素养，强化学生的职业能力。

2）按照"组内异质，组间同质"的原则分组。

所谓"组内异质"，就是将不同层次、特点的学生搭配分组。其考虑的因素包括：知识基础、能力强弱、性格差异、性别等。同一个组内的学生不仅性格迥异、知识基础不同，而且有着各自不同的特长或者存在着不同的缺点、弱点，这样，有利于同学之间优势互补，互相帮助、互相促进、共同提高，同时活动进度相对统一。所谓"组间同质"，就是各组之间人数大致相等、总体学习力不相上下，保持组际之间的均衡性，这样，才有利于组际间的交流和竞争，有利于对各组学习活动的评价。

按照"组内异质，组间同质"的原则组建的学习小组，有利于小组之间的公平竞争和小组内弱势个体的发展，给每个学生提供发展的机会。学生可以在教师引导下有效地发挥自己的最大优势，发掘自己最大的学习潜能，进而达到"人尽其才"的效果。

3）自由组合分组。

自由组合分组是尽量满足学生的个性需要。可以先将一部分个性表现鲜明的学生在各自自愿的基础上分配到各组，以便潜移默化地感染并影响其他学生；其余的学生按自己的意愿自由组合，使各组学生相互之间由于存在信赖感而畅所欲言，有利于形成和谐的合作氛围。

4）随机组合分组。

在动态生成的课堂教学中，教师还可以采取随机组合的方式分组。根据生成的资源，让对某一问题有着浓厚兴趣的或观点一致的同学采取轮岗的方式临时组成学习合作小组。

在实践中，常用的这几种分组方式各有其一定优势，也有其一定的局限性。在实际操作时，应根据学生的实际情况和教学内容灵活选择，才能使合作学习达到最佳的效果。

（2）明确分工。

在小组合作中，小组成员还应有明确的分工，即知道干什么、怎么干、干到什么程度。建立了合作学习小组后，要明确小组中每个成员的责任和任务，激励每个成员努力参加小组合作学习，从而消除依赖思想，防止出现某些成员被边缘化的现象。合作学习小组内成员的角色可以分为很多类，应根据活动的不同需要及小组人数分配不同的角色，如激励者、检查者、记录者、报告者、操作者等，并提出具体明确的要求，保证每个学生都有参与的机会。

小组成员应是动态的，可以是组间男女生的互换或流动，也可以是组间某些角色的互换或轮换，还可以按活动主题的需要让学生进行自由组合。通过不断地改变学生的角色分工，防止分工拉开学生之间的差距，增进生生互动的有效性。

（3）控制时间。

在小组合作的实施中，为了避免教学活动时间过短或过长的问题，教师必须要在教学实施过程中有时间意识，并要注意根据不同任务确定活动时间。在活动之前，教师应明确提出本次活动的内容和要求，让学生知道干什么，需要在多长时间内完成。在活动过程中，教师要注意把握教学活动的节奏，合理安排独立思考、小组讨论与汇报的时间，对交流过程进行有效控制。

（4）良性竞争。

中职生具备一定的好奇心，同样有争强好胜的心理。竞争是一种良性互动，竞争能使学生的注意力更加集中，促进学生对知识与技能的掌握，促进知识向能力转化。小组合作学习的竞争，不在个体与个体之间，而是在小组之间。这种竞争更有利于调动学生的内驱力，增强团队合作意识，增进情感交流。

（5）团队评价。

合作学习的根本是发挥小组内的动态因素，实现生生互动、师生互动。要实现这一点，评价是关键。小组合作学习的评价不是个体评价，而是团队评价。另外，小组合作评价不能由教师一人决定，还要让学生自评、互评。评价内容不能仅限于学习结果，要把学习兴趣与态度、思维方法和价值观纳入小组合作评价中，注重评价方式的多样化，促进小组群体发展，确保每一个学生都能进步。

 **案例分析**

案例 1

调酒——酒杯的认识与应用

（本案例由北京教育学院朝阳分院 姜楠提供）

【背景描述】

课 题：调酒——酒杯的认识与应用

课 程：调酒

教学内容：了解不同酒杯适合装不同酒的原因，能鉴别酒杯，根据客人所点的酒选取正确的酒杯，为客人提供规范的酒水服务，这是酒店服务员岗位必须掌握的专业技能。

教学环境：实训餐厅

课 时：1课时

【教学过程】

教学环节	教师活动	学生活动	评析
建立新的合作小组	课前准备好30张扑克牌，分别为6个A、6个2、6个3、6个4、6个5。 要求在1分钟之内各组选出负责人和为本组命名	每人选一张扑克牌。根据手中的号码组成5个新的合作小组。 各组宣布本组负责人和组名	组成新的合作伙伴，学会与新伙伴合作，提高学生的合作能力
情境导入	老师手中拿一瓶雪利酒，提问：这叫什么酒？属于哪类酒？在什么时候饮用？ 老师再拿出两个酒杯，提问：哪个酒杯适合盛装这瓶雪利酒？为什么	学生举手回答	通过师生对话，引起学生注意，激发学习兴趣，自然导入本节课内容
提出任务	在我校的实训餐厅里，摆放着各种酒瓶和各种玻璃杯，有啤酒杯、葡萄酒杯、气泡酒杯、烈性酒杯和鸡尾酒杯等，今天有外校的老师来参观，老师们对这些酒杯和酒瓶很感兴趣，请大家很专业地向老师作介绍	学生初步感受工作情境	学生在真实的工作情境中学习，使学习更有针对性、目的性
布置任务	教师布置5个组的工作任务，确定小组工作时间	参看工作页，学生认真倾听	使各组明确自己的工作任务，并在规定的时间内完成

续表

教学环节	教师活动	学生活动	评析
团队合作学习	1.学生填写任务单中的空项部分。 2.完成学习卡的制作。 3.准备演讲，展示团队的工作成果。 4.老师到各组进行指导，回答各组提出的问题，帮助各组解决遇到的难题	以小组为单位进行团队工作，查找相关信息，填写任务单，制作学习卡	以小组合作的方式学习新知识，通过学生间的对话，培养学生自主学习、团队合作的能力，提高获取信息的能力，更好地发挥学生的主体作用、老师的指导作用
成果展示分享	1.各组在4分钟之内演讲团队工作成果。 2.其他组同学聆听演讲并提出问题。 3.出现的问题以学生间对话形式解决，教师也可进行解答	学生根据各组的任务，组织展示内容和语言；继续填写任务单上其他空项，不明白的地方可以咨询	通过小组展示分享各组的工作成果，从其他组的介绍中学习新的知识，培养学生倾听的好习惯
效果检查	在讲台桌上摆放着刚才介绍的酒杯，老师给每个组放1瓶酒，要求各组把这瓶酒倒在相应的酒杯里	学生把酒倒在相应的酒杯里	检查各组的学习效果，是否掌握了今天要学习的内容

◀◀ 案例1评析

本案例采取小组合作学习的教学组织方式，是教师对教学内容进行客观分析的基础上确定的。

本课的教学内容是酒杯的认识与应用，内容相对简单，为了增加难度，教师采取了随机组合分组的方式，而这样的临时分组能帮助学生学会快速与他人合作，提升团队合作意识，同时，也帮助学生认识到工作环境中合作伙伴不由自己选择，从而将教学过程与岗位实际相结合。

本课的教学内容难度不大，但是要让学生在1课时的时间内掌握5种酒杯的名称与使用，信息量大，学生在短时间内有效掌握知识有一定的难度。基于教学内容的情况，教师将学生分为5组，按酒杯类型分组学习。通过小组合作学习，每组都成为某种酒杯的"专家"，在各组学习成果展示过程中，相互学习分享。在评价环节上，不仅有学生自评，有小组之间的互评，而且注重了团队评价，教师在效果检查环节，从每组随机抽选学生，要求将酒正确倒在对应的酒杯，检测了整个小组的学习效果，促进小组群体发展，确保每个学生都能掌握学习目标。

案例2

烟熏三文鱼康那批的制作

（本案例由北京市劲松职业高中　王跃辉提供）

【背景描述】

课　题：烟熏三文鱼康那批的制作

课　程：西餐冷菜

教学内容：运用搅拌、抹、卷、摆、堆、叠等方法，完成烟熏三文鱼康那批的制作。

学生情况：西餐烹饪专业高二年级学生，在专业技能掌握程度上，学生存在差异。具有一定的自主学习能力和合作学习能力。

教学目标：掌握烟熏三文鱼康那批的制作要点。按照实训任务要求，正确使用工具、加工原料，运用搅拌、抹、卷、摆、堆、叠等方法，小组合作完成烟熏三文鱼康那批的制作。

教学环境：西餐冷菜模拟仿真厨房

教学环节	教师活动	学生活动	评析
布置任务 分组分工	布置任务：上午11：30，有10位客人预订商务套餐，其中冷菜厨房的任务是烟熏三文鱼康那批。 要求：按工位分为4组，每组按时完成10份康那批的制作。 将学生按照预习结果分组分工	根据任务分组、确定领班、分工 1. 分组：大组4人，小组2人。按照酒店西餐厨房岗位和学生预习结果分层分组，优秀小组创新制作、合格小组强化训练。 2. 确定组长：大组长即领班。 3. 明确职责：领班负责将任务分配给其他同学，明确分工，带领大家按时完成任务	分组方式：根据学生意愿以及对专业学习喜好程度、能力和水平不同，按照性格特点、兴趣爱好等进行初步分组。课前按照预习结果分层分组。 确定组长：学生自己选出做事积极主动、具有领导力的学生担任组长，发挥每个人的优势，组织本组成员完成学习任务
领班反馈	教师组织领班介绍分工情况	领班介绍本组分工情况	教师根据教学计划将教学任务按照课前预习、课上训练和课后巩固三个阶段布置给学生，学习小组组长按照要求，根据组员的不同特点分配学习任务，发挥每个人的优点或者强项，如信息搜集能力强的学生负责搜集相关资料，文笔好的负责完成任务书，学习兴趣不高，但动手能力强的，安排多动手操作……任务就会比较容易完成
实施任务	教师巡视观察，适时指导，提供技术支持。 1. 关键技能的示范。 2. 相关知识的提问或提示。 3. 实操中强调安全、节能。 4. 对创新点的引导鼓励。 5. 点评技能关键、职业行为、职业能力的优点与不足，并提请全体学生注意。对不同程度学生分层次指导	组长带领小组合作完成菜肴制作，成员之间相互配合	在实操过程中，小组成员相互配合，发挥小组内优秀学生的"帮带"作用。 通过课上汇报展示，教师及时表扬和互动点评，学生不断体验到成功，受到鼓舞。 最后通过角色轮换训练，学生得到全面的提高

◀◀◀ 案例2评析

> 本案例中教师主要依据教学对象和教学环境选择了小组合作学习的教学组织方式。制作烟熏三文鱼康那批是西餐冷菜课程中的典型工作任务，在模拟仿真的西餐冷菜厨房工作环境中进行实训。西餐冷菜厨房要求工作人员具有较强的沟通和协作能力，同时，要求不同岗位之间高度配合、密切合作。学生在真实的工作任务引领下，严格按照西餐冷菜厨房操作模式、流程和菜品制作过程完成实训过程。

本课采取小组合作学习的教学组织方式之所以恰当并取得了良好的教学效果，就是基于教师对学生情况进行了全面、充分地分析。合理分组，是有效开展小组合作学习的前提。教师在课后反思中提及，最初成立学习小组是为了激发学生学习兴趣，缩短学生专业水平的差距，将专业技能掌握较好的和基础偏差的学生编为一组，但结果却发现有的小组学习效率不仅没有提高反而退步很多。究其原因，是分组前只考虑到专业技能的差异，小组成员的脾气秉性和兴趣爱好不同，谈不到一起，阻滞了学习。于是，在充分询问学生意愿的基础上，教师再次根据学生对专业学习喜好程度、能力和水平的不同，按照性格特点、兴趣爱好等因素进行分组。在此基础上，教师根据各个成员特长和其他具体情况合理安排分工，以实现"人人有事做，事事都要有人做"。如信息搜集能力强的学生负责搜集相关资料，文笔好的负责完成任务书，学习兴趣不高，但动手能力强的，安排多动手操作……经过几次调整，各组根据专业技能水平差异、性格特点互补、学习能力差异等几个因素构成，无论是各组之间还是各组内部结构，都基本能够达到优势互补、差异均衡的状态。在强调动手能力与团队配合的西餐冷菜制作实训课上，这样的分组分工模式充分发挥了每个学生的优点或强项，最终实现了优势互补，共同提升的目的。

◢◢◢ 案例3

红葡萄酒侍酒服务

（本案例由北京市劲松职业高中　姚蕾提供）

【背景描述】

　　课　题：红葡萄酒侍酒服务

　　课　程：葡萄酒侍服

　　教学目标：能够快速准确判断红葡萄酒的类型；能够按照葡萄酒服务礼仪，针对不同类型的红葡萄酒提供完整、恰当的斟酒服务教学环境：实训酒店西餐厅，任务组为3人一桌，每组8人。

图 5-6   图 5-7

【教学过程】

教学环节	教师活动	学生活动	效果反馈/评析
复习巩固检测新知	第一次随机分组： 　　教师准备24张酒标图片，每位同学从中随机抽取1张（正面朝下不能看）。教师发令后要求学生用1分钟的时间根据已学知识完成识读和判断，并站到指定的新世界红葡萄酒、新年份红葡萄酒、陈年红葡萄酒三个队伍中（图5-8）。教师公布答案，各组派代表说明本组红葡萄酒酒标判断方法及内容，学生自查、教师点评后，教师强化知识点		活动充分调动学生所学知识和课堂积极性；分组结果直接且明确检查课前学习效果；根据判断结果进行学生说明、自评和教师点评，有效强化知识目标。随机分组也为第二轮服务小组形成做好准备
明确任务制定计划	教师在第二次分组后布置工作任务——红葡萄酒侍酒服务； 　　明确任务要求、评价要求； 　　学生制定服务计划时进行观察和必要答疑、指导； 　　引导学生评价并进行小结点评	在上一环节形成的三大组中各抽出一人组成三人任务小组，落座于西餐桌旁（图5-9）。 　　根据课前学习内容进行组内讨论并制定相应服务计划，完成服务流程表。 　　各组派代表说明三种类型红葡萄酒的服务计划与要求； 　　学生根据课前学习内容自评和组间互评	3人服务小组由第一次分组后的三大组中各一名同学组成，确保每一任务小组由熟知三种类型红葡萄酒知识的成员构成，便于小组内进行知识准备、技能实施和点评环节的交流互补，确保强化本节课的教学重点；借助服务计划的制定环节，小组成员互通有无，共同完成三种服务方案，有效突破教学难点
任务实施与评价	明确任务角色、任务要求和评价要求； 　　进行关键技能要点的强调和必要示范、纠正； 　　借助视频回放强调服务技能要点，小结点评	各组按客人、服务生、领班角色轮流完成红葡萄酒侍酒服务任务（表5-3）。 　　1.服务生在任务中完成红葡萄酒侍酒服务流程； 　　2.客人进行服务态度、服务礼仪和综合满意度点评； 　　3.领班拍摄任务实施视频，上传平台并负责从专业知识、技能角度进行点评	任务小组以"同组异质"的原则构成，第一次分组后的三大组中每组抽一人，组成本节课任务小组，共8组，三人在任务过程中轮换承担服务生、客人、领班（即观察员）的角色。三种红葡萄酒的服务过程由三位成员分别完成，既实现了操作技能的交叉练习体验，又实现了在互评环节中知识的梳理和巩固。本环节中，在任务的引领下以小组合作探究的模式有效交叉互补，顺利突破本节课的教学难点

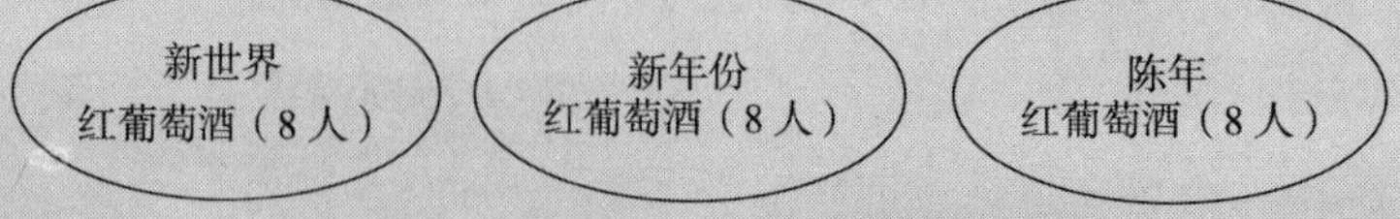

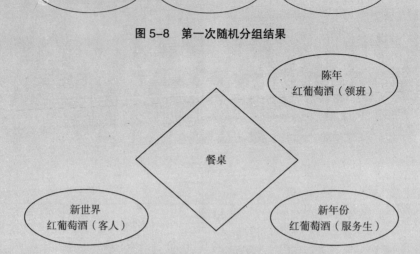

图 5-8　第一次随机分组结果

图 5-9　第二次分组结果（以其中一组为例）

表 5-3　任务实施方法

	服务生	客人	领班（观察员）
第一轮	生1：来自新世界 红葡萄酒模块	生2：来自新年份 红葡萄酒模块	生3：来自陈年 红葡萄酒模块
第二轮	生2	生3	生1
第三轮	生3	生1	生2

案例3评析

　　本案例中教师主要依据教学内容和教学环境选择的小组合作学习的教学组织方式。

　　本课主题为红葡萄酒侍酒服务。葡萄酒服务是酒店西餐服务的典型工作任务，体现着西餐服务的水平与档次。本节课着重训练学生判断陈年、新世界、新年份三种红葡萄酒的能力以及针对这三种红葡萄酒的侍酒服务能力。教师依据教学内容将教学环境安排到实训西餐厅内，增强了教学情境效果，同时；帮助学生体会工作岗位要求，提升角色意识。

　　基于本节课的教学内容和教学环境，教师采取同组异质的模式进行两次分组。在第一次三大类型红葡萄酒分组的基础上，依据现场环境，将三大组中各抽出的一人共同组成一个服务小组。这样，在西餐厅的教学环境中就设定了三个相应的角色——顾客、服务生和领班。这样分组，学生带着强烈的角色意识在实训西餐厅中完成服务任务。作为客人，在西餐厅中享受优雅的红酒服务，必须带有专业挑剔的眼光对服务人员的知识、技能和服务态度作出客观评价；面对客人和不远处进行服务监督的领班，服务生必须充分调动自己所学知识与技能，为客人提供专业优质的红葡萄酒服务；餐厅领班是服务品质的把关人和服务人员的管理者，在优雅的就餐环境中，任何一点服务技术上的欠缺和服务礼仪上的瑕疵都不能被放过。

本课教师成功借助西餐厅实训环境设定任务角色、分组形式，采用组内角色轮换的学练机制，有效实现合作学习和交流学习。三个来自不同知识背景（第一次分组）的同学在真实的服务环境中承担直接、真实的角色，将课前学习的专业理论知识与技能要点实践于真实的工作岗位和服务对象，可以有效地检验学习效果和专业技能水平，及时、有效呈现课堂评价，同时，也为课后反思提供了直接依据。

能力训练 1

请您根据"教学组织方式有效"的要素，分析下面的案例。

案例

【背景描述】

课 题：顾客咨询服务——北京传统民居——四合院及街巷胡同

课 程：旅游概论

教学内容：在掌握北京四合院及胡同知识基础上，提炼北京传统民居——四合院及胡同代表性内容：四合院建筑结构及功能、文化内涵、胡同名称由来及变迁和文化内涵等，按照规范的岗位要求及礼仪规范对顾客的咨询流利解答，为顾客进行合格的咨询服务。

学 情：高星级酒店运营与管理专业一年级学生。已对北京旅游资源类型有整体认识，但对北京传统民居相关知识不了解，有一定的自主学习能力。

教学目标：掌握并能讲解北京传统民居四合院及胡同代表性知识内容，会对顾客就四合院及胡同的咨询提供服务。

【教学过程】

教学环节	教师活动	学生活动	评 析
练一练 分组展示	顾客咨询服务分组展示 　　自动抽签排序，1~12号为服务组，13~24号为顾客组） 　　再次分组：服务组每三个为一小组（想想为什么不让自由组合？），顾客组内自由组合成四个小组 　　第二次抽签：每个顾客小组抽签决定咨询主题及哪个服务小组进行咨询服务 　　——丽思卡尔顿组四合院相关知识、中国大饭店组四合院推荐景点及线路、东方君悦组街巷胡同相关知识、丽晶丽亭组著名街巷胡同及路线，分组与抽签完成后六分钟准备时间 　　顾客小组商量咨询问题 　　服务小组互通知识，商量分工与回答内容等 　　分组展示	1.仔细阅读任务单，明确任务要求 2.现场分组 3.咨询服务展示结合任务单问题观看并思考	以两次分组抽签的方式进行高难度的挑战顾客咨询服务情景，将自学的知识尝试运用到专业技能情景中，理论联系实际，深化知识内涵，实现知识目标1和能力目标2，突破难点，有效检测自主学习成果，同时模拟咨询服务的展示紧密结合专业技能服务要求，从而提高语言表达能力和自信心
评一评 分组讨论	相同主题的顾客组进入服务组，两小组合二为一开始自评与互评 　　咨询服务讲解是否流利清晰？服务人员是否熟悉讲解内容？是否热情、及时响应礼仪？礼节是否规范 　　是否推荐或安排交通路线及工具？存在哪些问题？ 　　提供什么建议？ 　　评出最佳服务小组 　　评出最佳服务员工	按照任务单标分组讨论并进行点评 自评 互评 填写课上小组合作任务单	模拟训练后，顾客小组与服务小组共同评价，服务小组自评不仅能够客观地思考自己的学习效果及专业能力，也能极大地提高学生的自我反思能力；顾客组对服务小组评价发现问题以做参考，提高学生的另一种自主学习能力

◀◀ 案例分析

1. 本案例选择教学组织方式的依据是什么？

　　　　　　　　　　　　　　　　　　　　　　　　　　　。

2. 案例中是如何进行分组的？您认为是否合理？

　　　　　　　　　　　　　　　　　　　　　　　　　　　。

3. 小组分工如何体现的？您认为是否恰当？

　　　　　　　　　　　　　　　　　　　　　　　　　　　。

能力训练2

　　通过上面的学习，请您结合自己的教学实际，设计一个小组合作学习的教学设计。

【背景描述】

课　　题：

课　　程：

教学内容：

学　　情：

教学目标：

教学环境：

【教学过程】

教学环节	教师活动	学生活动	评　析

反思提升

1.本专题的学习要点是：_____。

2.通过学习，您现在对"教学组织方式有效"的理解，在哪些方面有了提高？请结合教学实例谈一谈自己的体会。

3.您对我们的宝贵建议是：_____

_____。

阅读材料

17个Kagan经典课堂活动游戏总结

（注：笔者邓老师在美国洛杉矶一所公立小学任一年级中文沉浸项目教师）

美国加利福尼亚州的史宾塞·卡根（Spencer Kagan）博士是合作学习理论的代表人物之一。他创造出了许多强调合作学习的活动、游戏，可以运用于各年龄段的学生，在美国课堂非常受欢迎（这些活动也适用于培训、会议、聚会等场合）。

那么到底什么是合作学习呢？我们先来看看传统的课堂学习模式。学生在教室里一排一排坐着，后排看着前排的后脑勺。老师站在教室前方滔滔不绝地传授知识，学生被动地接受。问问题的时候是向全班问，可回答的时候只有一两个学生举手回答（是不是很熟悉的场景？）。作为老师的你，怎么知道那些没回答的学生是懂了，还是没懂？

这样的环境是不利于学习的，因为学生之间存在一种"竞争关系"。有的学生你永远看不到他举手，也许因为他害羞，怕说错被笑话；也许因为他就是反应慢；也许他的母语是另外一门语言……

合作学习模式就解决了这个问题。老师提出一个问题或传授一个知识点的时候，学生要先分享彼此的见解，或和同桌，或在小组内，或在全班走动。大家都在同一边，没有互相竞争的关系。每个人都在发言，思维碰撞产生火花，课堂变得更有趣，学生记忆更深刻，绝对没有人会睡着或走神。大家分享完了，你再从中抽几个比较弱的学生来提问，如果连他们都懂了，那就说明全班都懂了。这样的合作学习有利于学生团队合作精神和领导力的培养，大家都在庆祝彼此的成功。

Kagan 的合作学习活动有很多，下面就具体介绍我认为经典的 17 个 Kagan 课堂活动。我把这些活动分为 4 种类型，分别是（1）拍档；（2）小组；（3）介于小组和全班之间、（4）全班。每个分类下的活动按照英文名称首字母顺序排列。中文名字是意译取的，以求读者一眼看出精髓。每个活动都有配图帮助理解。

一、拍档——需两人合作完成

1. Rally Coach 互为老师

学生 A 教，学生 B 写，然后交换。例如，做数学题的时候。学生 A 说，"首先你把这个关键信息圈起来，然后拿 5 减 3，因为……"学生说出来的过程就锻炼了他们理清思路并能口头表达的能力。

2. Rally Robin 你来我往

老师问一个问题（列举题或者流程题），学生 A 回答一个答案，学生 B 回答一个，彼此往来反复。例如，做实验的步骤，或说出描写人长相的形容词等。

3. Timed-Pair-Share 计时分享

这是我课堂上最常用的一个活动。我问一个问题，两人一组，学生 A 和学生 B 分享 30 秒，然后学生 B 再和学生 A 分享 30 秒。更好的做法是问完问题后允许全班安静地想 30 秒，谁都不能说话。给予思考的时间是非常重要的。

二、小组——学生在小组内交流

1. Fact or Fiction 两真一假

老师问一个问题，学生要想两个正确的答案，一个错误的答案，然后其他人要把错的答案改过来。由于还要想一个错的答案，这有助于提高学生的思维水平。

这个游戏也可适用于一群刚认识的人的聚会，十分有利于破冰活跃气氛。每个人分别说出三个关于自己的事实，两个是真的，一个是假的。我印象最深的就是一位南加大教授开学第一节课就跟我们玩了这个，她说了三个事实，其中一个事实是"我身上有一个文身"（当然这个是假的啦）。

2. Fan-and-Pick 选卡问答

学生 A 把卡排开，学生 B 选一个问题，学生 C 回答，学生 D 用自己的话重组再回答，然后按顺时针方向换角色。

3. Four Corners 四个角落

老师提出一个主题，指定教室四个角分别为四个不一样的观点，学生赞同哪个观点就去哪个角，要在那个角找一个人分享。这个活动告诉学生每个人都会有不一样的意见。按学科举例如下：

• 语文／英文：最喜欢哪个季节？为什么？（四个角为春夏秋冬）

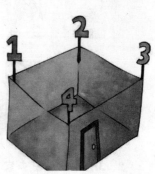

• 数学：最喜欢什么形状？我们周围有哪些东西是这种形状？（四个角为正方形、圆形、三角形、菱形）

• 科学：最喜欢哪种动物？这些动物有哪些特征？（四个角为鱼类、鸟类、两栖类、哺乳类）

4. Numbered Heads Together 头凑一起

全班分成若干组，每个组分别都有 ABCD 编号的学生。老师问一个问题，每个学生在自己的小白板写下答案。然后组内的学生把头凑在一起，讨论完写一个统一答案。写好后老师决定选一个编号，例如，让所有小朋友 A 站起来回答。

5. Team Chants 合作编歌

我在实习时看过四五年级混班（Combo）的老师用过。当时那位老师想让学生更容易地记住"共同核心标准 Common Core"下的"数学实践标准 Standards for Mathematical Practice"（很难记），就让他们用自己的理解把 8 条标准用自己的话编进歌词。每个组自编自唱，有的组拍桌子作为鼓点节奏，有的组改编当年各种流行歌曲，如 Taylor Swift 的 Shake It Off 等。

6．Write-n-Pass 先写再传

这需要小组合作。以四人为一组为例，每个学生手里有一张纸，纸上各有一个不一样的问题。每个学生回答完这个问题以后要按顺时针顺序传递给下一个学生，直到所有学生回答完四个问题。如数学，四个问题分别是：写分数 1/2、1/3、1/4、1/5 的等分式。英文可以是写一个名词、动词、形容词和助词。

三、介于小组和全班之间——先在小组内活动，然后以组为单位在全班范围内走动

1．Give One-Get One 给一获一

我的历史老师就常用这样的课堂活动。我们分组坐，每组有一张大纸，上面分别有一个问题。每组讨论后要在纸上写答案，然后换到下一组去回答下一个问题。这样，我们就贡献出了自己的答案，又收获了别组的答案。

2．Jigsaw 拼图专家

Jigsaw 是拼图的意思，但这个活动不是我们一般理解的实物的拼图游戏。这是我在南加大上课时教授最常用的 Kagan 活动之一。那时候每周上三门课，每门课的其中一项作业都是每周看几篇文章，每篇 20~50 页密密麻麻的英文，不看上课就根本听不懂。看的内容多，于是教授就让各组讨论一篇文章，每组组员都各有 ABCD 编号。组内讨论完以后，同一编号的学生就聚到一起，各自作为原组（Home Group）的专家代表，在新的专家组（Expert Group）里发表意见（不理解的请看下图）。

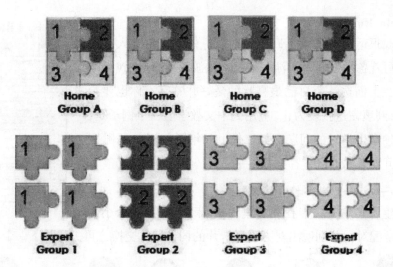

四、全班——所有学生都同时参与

1．I Have，Who Has 我有谁有

每个学生拿一张卡，上面写着"我有……谁有……？"举一个例子如下图，学"数学形状"这一课时，一个学生念出自己手上的卡："我有心形，谁有星形？"拿着"我有星形"的学生要站起来念完自己的卡："我有星形，谁有正方形？"以此类推。人数多时，可以把卡多印一份，两个有同样卡的学生一起站起来。

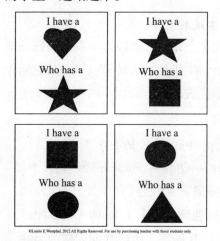

2．Inside－Outside Circle 圈里圈外

我入职第一天开全体教师会时，校长就让老师们围成里外两个圈，面对面分享新学年的教学目标。2分钟过后，外圈的老师按顺时针方向移动一步，面对下一个人，直到转完一圈。应用到教学上的例子是，例如，让学生分享自己周末去了哪里，或者数学学统计时问其他人喜欢什么球类运动，然后做一个统计表。

3．People Hunt 找人游戏

这个游戏很适合一群人活跃气氛时玩。例如，每个人有一张纸，上面写着各种爱好（游泳、攀岩、旅游等），你要找到一个人，愿意在上面选一个自己最喜欢的爱好并签字，你也要给对方签字。直到填完这张表为止。应用到中文教学上一个例子是，纸上写着各种学生学过的问题，如"你上几年级？""你是哪国人"？看谁可以帮你忙写下答案并签字。

4．Quiz—Quiz—Trade 换卡游戏

每个学生手里拿一张卡在教室里随意走动，找到一个小伙伴，两人击掌配对，分别说出对方手里卡片的词，即可交换，再去寻找下一个伙伴。

#1 Look for a classmate. 　#2 Pair Up with a high five 　#3 Each person reads their question while the other answers. 　#4 Trade Cards Repeat!

5．Spin and Review 幸运转盘

全班围成一圈，每个人拿一张纸，上面有一系列问题。摆一支马克笔在中间，选一个学生小代表去转马克笔。马克笔停下时指向谁，谁就要回答小代表的一个问题。回答完的学生变成小代表，游戏继续。

6．Stand Up, Hand Up, Pair Up 拍手分享

这个活动和第4条 Quiz — Quiz — Trade 很类似，只不过交换的不是卡片，而是口头答案。拿中文《穿什么》这课为例，学生们举手在教室走动，随机遇到另一个学生，两人击掌配对，A 问问题："我今天穿什么？"B 回答。然后 B 问同样的问题，A 回答。完成后两人说再见，分别去找下一个伙伴。

（文章来自微信公众号：在美国小学当中文老师（id：denglaoshi_us））

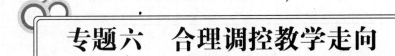

专题六　合理调控教学走向

学习目标

理解：课堂调控的意义、影响课堂调控的因素。

了解：课堂调控的内容。

掌握：课堂调控的原则。

运用：课堂调控的方法。

问题提出

教学控制论认为，课堂教学过程是一个控制过程。课堂教学是整个教学系统中的子系统，该系统中主要由教师、学生和知识（包括各种技能）或信息三要素组成。教师是施控者，学生是被控对象，或者说教师是主导，学生是主体。课堂教学是在教师与学生互动的过程中进行的，学生在学习过程中的思想、情感和行为具有个性化、不可预测的特点，因此，教学过程是一个动态调整和推进的过程。那么，教师作为教学的主导者，在教学实施过程中，应当怎样理解和把握正确的教学走向？在调控教学走向的过程中，应当遵循哪些原则？可以借鉴和运用哪些方法？

◆活动1　关于合理调控教学走向，您同意以下哪些观点？

A. 教师调控教学的目的就是让教学实施过程和教学设计保持一致

B. 教学是为了满足学生学习需要，因此，课堂教学应当完全根据学生的意愿取舍教学内容

C. 课堂教学应当朝着实现教学目标的方向行进，当学生学习方向有所偏离，教师应当及时调整

D. 教学调控的目的之一是促使学生尽快完成学习内容

E. 课堂生成是不可预设的，因此，课堂调控的有效性完全依赖于教师的临场应变能力

F. 教师应当充分预设教学过程可能生成的问题，做好教学预案，增强教学调控的有效性

G. 教学内容、教学节奏和进度、学生的学习态度和情绪，都是教学调控的范围

H. 教学过程中教师应当依据学生的学习情况，因势利导采取调控方法

您的选择：_____。

您的疑问：_____。

◆活动2　请阅读下文并分析回答问题

李老师在教学过程中，只要遇到学生不能理解的问题，就放慢教学进度，尝试其他教学方法，直到所有学生都掌握，再进入新的内容；张老师和李老师教授同一门课程，学生学习基础相似，他在课堂教学时，先保证教学进度如期完成，再对部分学习有困难学生进行个别辅导。

问题1：您更认同哪位老师的教学推进方式？为什么？

_____

_____。

问题2：如果遇到少部分学生无法跟上教学进度，您在课堂教学中会怎样处理？为什么？

_____

_____。

◆活动3　请阅读以下课堂实录，分析教师言行给课堂带来的影响

1. 一位电工课老师在学生课堂练习的巡视过程中，驻足在一名男生面前，气愤地说："同学们，300伏除以30千欧，结果等于0.1，这是什么水平的数学？这是小学数学啊！知道吗？这是小学水平的计算题！"在下一道练习题的巡视过程中，刚才那名男生示意老师已经算完了，老师脱口而出："你不是数学不好吗？怎么算得那么快？"

_____

_____。

2. 一位教师接手一个新班级的教学工作，发现学生对学习内容不感兴趣，对老师也有抵触情绪。她设计了一个游戏，希望改变学生们的学习状态。一上课老师就说："你们要么在一旁做练习题，要么来跟我玩一个游戏。"然后带着十分愉悦和期待的表情补充说："这个游戏很简单，但是特别有意思！"

_____

_____。

对"合理调控教学走向"能力要点的解读

《北京市朝阳区职业高中专业教师教学能力检核标准》对"合理调控教学走向"的检核标准见表6-1。由于此能力点与"根据反馈灵活调整""认真倾听及时调整"能力点的内容密切相关，故本教材在该部分内容中将上述三个能力点的内容一并列出，并以"合理调控教学走向"为核心内容进行解读。

表 6-1 "合理调控教学走向"检核标准

一级指标	二级指标	能力要点	合 格	良 好	优 秀
教学实施能力	课堂调控能力	合理调控教学走向	能够控制课堂时间和教学节奏。能够按照教学设计的思路,控制课堂教学的走向。营造和谐氛围	能够根据学生状态时间和节奏进行及时调整。能够把握教学设计的思路,较好地处理生成性问题,控制教学的走向。有意识地创设和谐课堂	能够根据课堂上不可预知的学情,灵活调整时间分配,达成教学目标。能够准确把握教学重点,并灵活处理预设外的教学内容。课堂氛围和谐、融洽
		根据反馈灵活调整	能够根据教学反馈的信息,对教学内容和进程进行调整	能够根据教学反馈的信息,对教学内容和进程进行合理调整	能够根据教学反馈信息,在单元的框架内灵活调整教学内容和进程
教学实施能力	多向互动能力	认真倾听及时调整	能够根据教学设计适时进行课堂提问。能够与学生互动,鼓励学生大胆发言	能够倾听并与发言者交流,引导学生展现思考过程。促进师生互动,能系统地指导同学倾听	能够倾听并和学生交流,能适当指导全班学生对课堂发言做客观评价,有效促进师生、生生的真正互动

一、概念解析

1. 什么是教学调控

教学调控,是指教师为了达到理想的教学目标,在课堂教学全过程中,将教学活动本身作为意识的对象,不断积极地进行调节和控制的活动。具体而言,教学调控是指教师在教学实施过程中,对教学进行状态的感知和反应,是教师对教学内容、方法、气氛、节奏等的调整和控制。

2. 什么是合理调控教学走向

合理的教学调控,是指教师通过准确的观察判断,及时运用各种方法,使教学进行过程向有利于实现教学目标的方向行进,并使教学活动适切有效、教学内容难易适度,思维节奏张弛有度,学生学习兴趣盎然,师生关系和谐融洽。

二、调控教学走向的目的和意义

1. 教学调控是专业课教学的必要措施

在教学设计过程中,教师是按照自己心目中的"学情"设计教学内容和教学活动,并预测教学效果。但是学生是富有生命力和创造力的学习个体,每个学生都有学习的个性化需求和个性特点,教学过程中有可能出现教学预设外的任何情况。相对于其他类型的课程,职业院校专业课教学更容易出现生成性问题,也会更加频繁地出现教学预设外的问题,因此,专业课教师必须在教学过程中进行及时调控,保证教学的正确走向。

首先,学生理论学习基础各异,实践操作能力有别,在动手、动脑的综合学习过程中容易出现各种预设外的问题。其次,专业课教学往往会运用各种工具、设备,工具和器材的损耗以及性能的不稳定，也会增加教学的不可控因素。再次，专业课常常在师生创设的工作情境中进行，情境本身蕴含了丰富的生成性资源，这些生成的问题也不可能完全在预设之中。因此，专业课教学过程丰富、灵活且充满了不确定性和创造性，需要教师具有较强的课堂调控能力。

2. 教学调控是实现教学目标的基础保障

教师课堂调控的成功与否，决定着教学能否顺利进行，直接地影响教学任务的完成和教学效果的取得。科学合理的课堂调控能高效地传递教学信息、整合知识体系、提高学生综合素质，达到教学目的。

3. 教学调控是创设和谐氛围的必要措施

教师采用恰当的课堂调控方法，不但可以有效地落实教学计划，达到教学目标，而且还能大大地增强学生进一步学习的兴趣，不仅让学生的知识得到增长，智力得到启迪和开发，还可以让学生的道德、情感得到升华，让课堂教学对师生双方产生强大的吸引力。在充满智慧和情感的课堂调控中，教师本人也能从中树立威信，获得尊重，在融洽的课堂气氛中，使教学实现良性循环。

三、合理调控教学走向的关键要素

根据《北京市朝阳区职业高中专业教师教学基本能力检核标准》对合理调控教学走向的检核标准，确定合理调控教学走向的关键要素见表6-2：

表6-2　合理调控教学走向关键要素

能力要点	关键要素
合理调控教学走向	1. 全面了解课堂调控的对象 2. 掌握并合理运用课堂调控的基本原则 3. 灵活运用课堂调控的各种方法 4. 了解影响课堂调控的各项因素

1. 全面了解课堂调控的对象

建立课堂教学规范，强化和巩固课堂规则和秩序，保持良好的课堂环境，是教师调控教学的基本行为。教师应当对学生严格要求，及时纠正或调整学生的不良行为，让正确的意识、习惯和规范的学习行为在学生头脑中扎根，最终形成良好的行为规范。对影响教学秩序的个别行为，教师应当采用暗示、转移注意力等方法，尽量减少学生对课堂学习的负面干扰，保证教学活动顺利进行。在保证教学秩序和纪律的基础上，教师还要使教学氛围和谐融洽，学习节奏张弛有度，课堂别开生面，实现较高的教学效益，进行更高层次的教学调控。

课堂调控的内容丰富，针对既定的教学目标，教师课堂调控的内容包括具体的教学内容、教学方法、教学节奏以及学生的学习情绪等。

（1）调控教学内容。

教学内容是构建学生职业能力的重要载体。在教学中，针对一个既定的培养目标，教学内容本身不是一成不变的，教学内容在学习过程中的顺序和时间分配也可以进行优化。例如，当学生提供的案例比教师准备的材料更加典型、鲜活、精彩，教师应考虑怎样灵活地置换案例；当学生学习过程中遇到的困难与教师预设不同，教师应立足于解决学生的实际困难调整教学内容；当学生当前的迫切愿望是动手操作而不是理论学习，教师可以舍弃教案中先"理论铺垫"再"实操训练"的一般逻辑，调整为在实际操作中融入理论，或者在操作基础上理解理论知识；当老师在教学过程中感到某一阶段抽象的理论知识比较密集，学生接受起来比较困难，或者某一阶段训练强度、难度明显不足，学生出现了轻视、懈怠现象，也应当对教学内容进行及时调整，或调整难易程度，或改变时间分配，或增加辅助性知识，以便帮助学生进行更有效的学习。

（2）调控教学方法。

同样的教学内容，用不同的教学方法，往往会取得不一样的教学效果。预先设计的教学方法，在实际教学过程中也时常需要进行完善或者改变。比如教师组织学生进行小组合作，规定各组推选代表发言，教学中发现每个小组中都有部分同学在等待同伴的答案，自己不用心探究，于是要求各组发言的代表随机产生，每个组员都有可能影响到本组荣誉。新的规则一出，学生的紧张程度明显提升，学习状态有了明显改善。再如，老师原计划用角色扮演法进行教学，课堂上发现学生们思维过于发散，表演出来的内容不能很快切入训练主题，于是将动态的角色扮演，改成静态的方案设计，让每位同学都针对核心问题进行思考和设计，学生很快明确了学习的方向，思维回到正轨，学习效率明显提升。

教师在调控教学方法时，一方面要关注学生的学习状态，让教学方法有利于调动学生的积极情绪；一方面要关注学习内容，使教学方法与教学内容相契合；另一方面，也是最重要的一方面，要特别关注教学目标，要努力为实现教学目标服务。

（3）调控教学节奏。

课堂上，学生在张弛有度的节律中学习，更容易保持旺盛的精力和饱满的情绪。学生长时间紧张，容易疲劳；长时间缺乏挑战和压力，情绪过于松弛，注意力难以集中。所以，教师要根据教学过程中的具体情况，安排疏密相间的学习节奏，给学生带来有张有弛的心理节律。一般来讲，一节课进到需要强化的部位，如重点或难点，需要学生注意力非常集中时，教师一般要放慢进度或多次重复、强调，让学生扎实地理解、消化，尽量减少学习中的困惑障碍；而对于铺垫性或者过渡性内容，教师可以在学生相对松弛的状态中快速地完成。学生在课堂上持续紧张，或者长时间松弛懈怠，缺乏有挑战的学习训练内容，都不利于提高学习效率。教师在调控教学节奏时，要讲求合理搭配，使学习过程缓急有度，使教学活动在动静交替中有节奏地进行，表现出一种与学生能力和心理相容的节奏变化。

（4）调控学习情绪。

情绪，是对一系列主观认知经验的通称，是多种感觉、思想和行为综合产生的心理和生理状态。无论正面还是负面的情绪，都会引发人们行动的动机。学习情绪对学生学习动机、效果的影响显而易见，因此，教师在教学过程中必须时刻关注学生的学习情绪，并要尽力减少学生的负面情绪，增加正面情绪。情绪可以被分类为与生俱来的"基本情绪"和后天学习到的"复杂情绪"。基本情绪和原始人类生存息息相关，复杂情绪必须经过人与人之间的交流才能学习到。教师应当根据教学目标和学习内容，合理地调动学生的喜、怒、哀、乐等基本情绪，并通过教学过程中的各种沟通交流，培养学生乐观、坚韧、不畏艰辛、不服输、自信、自尊等积极情绪。在教学调控中，教师针对教学内容、教学方法和教学节奏的调控，其实无一不是在影响学生的学习情绪。学习内容难易的调整、学习方法的搭配、学习节奏快慢的变化，实质上都是通过影响学生的学习情绪而改善学习效果。在指向学习情绪的教学调控过程中，教师还应特别注意用表扬、鼓励、宽慰、肯定的语言，给学生增加自信；用宽容、友爱、民主的态度，让学生减少拘束和自卑；用幽默诙谐的语言，为课堂增加一些轻松和愉快；用严谨、严格的规则和一丝不苟的自信风格，让学生有必要的敬畏。

2. 掌握并合理运用课堂调控的基本原则

（1）目标性原则。

专业课的课堂教学目标是教师根据职业能力培养需要和学生的最近发展区而制定的具体教学方向。教学目标规定了一切教学行为的目的，也对教学调控行为具有权威的指导和测评作用。在教师自主性的课堂调控行为中，应当紧密围绕教学目标，积极寻找能够更有益于实现教学目标的内容或方法，不能因为教学过程出现困难而随意调整教学目标，更不能因为教学过程出现阻碍而轻易放弃教学目标。

（2）客观性原则。

课堂调控是针对课堂教学的真实情况和真实事件而采取的针对性措施，教师客观地观察和判断课堂情况，是课堂调控有效性的基础保障。教学实施之前，教学设计基于教师的主观判断而产生，在教学过程中，在教师所有的教学行为、语言都要基于学生的实际情况而进行调整。教师必须认识到教学设计与教学实施之间必然存在差异，尊重这种差异，客观、全面地观察教学实际情况，基于实际情况进行分析和决策，才能不受教学设计的束缚，灵活有效地处理各种问题，有效地调控教学走向。

（3）指向性原则。

课堂中不能充斥着无目的、无意识的调控，课堂调控需要有明确的指向性。教师对教学的影响不仅意味着教学主导者作出了反应，更意味着教师以一种负责任的方式在行动。教师的课堂调控行为必须有明确的价值指向，即指向学生的职业能力提升和道德情感的培养，指向全体学生的成长与发展。

（4）及时性原则。

课堂调控是在一定的空间和时间中运行的。及时性原则反映的是教师对于调控时机的把握。心理学研究表明，教师对学生学习过程中反映的信息及时调控、及时反馈，一方面能激励学生的求知欲；另一方面能针对教学过程中存在的问题及时补漏或改进。课堂是一个动态生成的过程，课堂中充溢着一个又一个新的生长点，教师若对调控时机把握不合理或不准确，就会造成课堂生成性教学资源的流失。在课堂教学中，教师需要具备一定的洞察能力和"捕捉"能力，要根据学生的状态、表情等现场反映传递的信息来及时地决定教学节奏，随时调控教学过程，使学生的思维始终处于积极状态。

（5）灵活性原则。

课堂没有既定的生成，课堂调控也没有既定的方法，教师要遵循教育规律和教学原则，在教学实践中随机应变，灵活处理各种问题，有效推动教学进程。课堂上出现的任何情况，不论是在教师的预设之中，还是在教师的意料之外，无论是有利于教学推进，还是暂时偏离了目标的方向，甚至阻碍了目标的实现，教师都可以视作教学的资源，对其进行利用、改造甚至转化，在机智解决问题的同时，使之成为推进教学的有利因素。

3.灵活运用课堂调控的各种方法

课堂调控的方法和手段丰富多彩，灵活多变，通常可以归为以下三类：

（1）语言调控。

语言是教师组织教学和进行教学调控最重要的工具。用语言做工具调控教学，主要指通过提问、追问调控学生的探究方向，通过总结、强调、重复调控学生的思维逻辑，通过鼓励、肯定或批评表明教师的态度和立场，通过讲笑话、自嘲缓解紧张气氛等。教学过程中教师的语言不仅仅指说话的内容，更应该包含说话的语气和状态。同样的内容，用不同的语气，表达的效果会有很大差异，教师在不同的状态下说相同内容的话，也会给学生截然不同的感受。所以，语言与教师的情绪和状态紧密相关，不可分割，教师要运用好语言调控工具，首先要调整好自身的心理状态。再有，教学语言还要注意音量和节奏的艺术，声音高低强弱，语言节奏起伏，抑扬顿挫，都会引起学生不同的心理反应，对教学调控产生直接的影响。

（2）行为调控。

教学调控中教师除运用有声的语言外，还应该充分运用无声的行为。教师用行为调控教学，指教师用眼神、手势以及各种动作传达信息，对学生进行暗示或者明示。教师的目光、眼神是学生读取教师心灵的窗户，是教师与学生沟通过程中必不可少的元素。教师的眼神能够告诉学生此刻教师的心情，是高兴还是愤怒，是允许还是禁止，……教师能够从学生的眼神中捕捉到学生的言语没有表达出来的内容，学生同样也可从教师眼神中获知他们信任的情感。另外，教师为了保护学生，经常用无声的行为对一些同学进行提示或警告，提示学生结束小动作等。在对学生进行表扬鼓励时，也应当用适当的行为配合语言，达到良好的表达效果。一位年轻教师上课时，总是离不开讲台，一直感到跟学生有距离，觉得课堂很难把控。后来，这位老师在讲课过程中时常走下讲台，并且跟学生有一些肢体上的接触，拍肩膀、击掌等，在练习巡视过程中，时常俯下身去认真观察学生的操作并进行手把手的指导，这些无声的行为有效地拉近了师生的情感距离，很好地调节了课堂氛围，成为教师调控教学的有力支持。

（3）情境调控

情境调控是指教师通过创设、改变活动情境来组织调控教学。情境教学是专业课经常使用的教学法，教师通过设计和改变职业情境来组织教学活动，是教学调控的有效手段。教师在情境教学中，根据学生的具体情况，适当增减任务，灵活把控难度，机智地改变条件、补充问题，让情境在教学中真正成为为学生量身定做的动态的学习载体，让学生置身于有趣味、有挑战、有变化和富有吸引力的情境之中，为之兴奋，为之努力，也为之感受成就。一般而言，职业情境是教师课前设计完成的，课前设计越充分，上课过程可能越加精彩高效，但是真正意义上的情境是在学生情绪和思维融入以后产生的，必然有许多因素课前无法预测。因此，教师在情境教学过程中，需要时刻关注学生的状态，随时准备将活动情境调整到最适合学生学习发展的状态。

4．了解影响课堂调控的各项因素

课堂调控能力的强弱是教师教学理念、学生观以及教学水平高低的集中反映。影响教师课堂调控能力的主要因素大致可以归纳为教学观与学生观、教师人格魅力、教师实践经验、教学制度与环境几个方面。

（1）教师教学观与学生观。

影响课堂教学走向的核心因素是教师对教学价值和学生主体的认识。教学设计与教学调控的目的都是为学生提供更好的学习服务，而不是让老师更自如地驾驭课堂；是让学生更好地实现学习目标，而不是让老师更快捷地完成"教学任务"。因此，教师无论针对教学中的哪个要素进行调控，无论用什么方法进行调控，都应当基于学生具体的学习和发展需求，根据学生实时的学习状态进行决策和实践。

（2）教师人格魅力。

教师人格魅力在教学调控因素中也可称之为亲善性因素。它包括教师优秀的品格、崇高的威信、娴熟的专业知识、诚挚的情感态度等。亲善性因素是教师教学能力和教学态度的综合体现，是教师具备课堂调控能力的根本素质。它使得学生敬重、佩服、亲近教师，对教师的学习指挥和指导心悦诚服。事实证明，具备亲善性因素的老师，容易和学生产生情感共鸣，能够创设生动活泼的教学氛围，教学调控也更加得心应手。

（3）教学经验与智慧。

在课堂教学调控过程中，教师怎样机智地利用约束性因素？如何充分发挥亲善性因素？这主要依赖于教师的教学经验与教学智慧。教学经验，是教师在不断学习教育理论并指导学生实践，广泛开展教学活动和教学研究，深刻体会教育教学实质问题，深刻了解教育对象的过程中进行的总结；教学智慧，是教师课堂应变能力的综合运用，是教师根据课堂控制的实际情况进行的及时、恰当的处理，是教师的教学技能与灵感思维在特定的课堂教学情境中的灵活表现。教学经验和教学智慧都来源于教学实践，教师如若缺乏实践因素，将很难灵活自如进行课堂教学调控。

（4）教学制度与环境。

教学制度与环境，包括学校的规章制度，各种学籍处理办法、奖惩措施、考查考试规定等，是对学生进行约束和奖惩的基本依据，也是教师实施教学调控手段的基本保障。教学制度与环境构成教学调控的约束性因素，约定了教师和学生彼此的权利和责任，这在教师课堂调控诸因素中十分重要。教师在教学过程中，难免会遇到组织纪律性比较差、控制能力不强的学生，影响教师课堂调控手段的实施。约束性因素是对学生的一种有力制约，它帮助教师有理有据地进行课堂管理和调控。因此，教师要善于研究和运用教学制度与环境，使之作为教学调控的有效支持。

在实际教学中，影响教师课堂调控能力的多方面因素并非单独发生作用，而是相互交织，具有很强的互补性。作为一名中职学校专业课教师，要提升课堂控制水平，培养较强的课堂控制能力，就应在教学实践中注意约束性因素的合理运用，注重亲善性因素的自我培养，重视实践性因素的综合运用，才能使自己在课堂教学中取得最优的调控效果。

 **案例分析**

案例1

三位教师的提问比较

（本案例由朝阳区教育研究中心　陈清提供）

在一次教研活动中，老师们探讨课堂提问的技术，大家用下文作为教学素材，以"体会诚信的价值"为教育目标，设计课堂提问。

美国房产商销售房屋，一般是让客户各自出价，然后把房子卖给出价最高的客户。但是，一位中国客户出价最高却没有买到房子。房产商不卖给他的理由是他没有去现场看房，怕他买了后悔。中国客户急于买房，承诺不后悔，可美国房产商还是不卖，说这样难免今后会后悔，一定要避免客户把不满意留在心里。

三位老师在教学模拟展示阶段，分别呈现出不同的设计思路：

A教师让学生默读材料，然后接连向学生提出三个问题：1."房产商把房子卖给中国客户了吗？"2."房产商以什么理由拒绝中国客户？"3."这个故事说明了什么道理"？前两个问题，学生不假思索地进行了回答，面对第三个问题，学生或面面相觑，或欲言又止，课堂陷入沉寂。

B教师请一位同学朗读了这段材料，继而提问："你们觉得这个美国房产商为什么要这么做呢？"学生纷纷回答："因为他是老狐狸，故意调顾客的胃口！""因为他实在不缺这个中国客户。""因为他不想跟这种中国人打交道，得找法子拒绝。"……面对这些回答，老师带着责备的语气脱口而出："你们怎么会这么想呢？"教室里更加混乱，讨论内容越发不着边际。

C教师首先跟同学描述了事件的前半部分，说到中国客户出价最高，转而问学生："如果你是这位房产商，你会把房子卖给谁？"学生一致回答"卖给中国人！"老师问："为什么？"学生回答趋于一致："经商嘛，目的就是多赚钱啊！"接着老师说："可是，这位房产商却没有卖给中国人。大家知道这是为什么吗？"学生频频摇头，于是老师生动地描述了故事的后半部分。在学生惊讶之余，老师提了一个问题："如果你是这个房产商，客户也向你承诺了购买不后悔，你会怎么办？为什么？"学生们纷纷提出自己的意见，教师循着学生的想法进行引导。

▶▶▶ 案例1评析

1. 教师的教学观是教学走向的决定因素

同样的教学目标和教学素材，完全相同的教学对象，由于教师教学观念不同，思路各异，出现问题后把控的着眼点不同，形成了迥然不同的教学走向。可见，教师是决定教学走向的核心因素。

2. 提问是语言调控的关键

A教师设计的三个问题中，前两个问题仅限于让学生复述简单情节，思维训练价值不足，第三个问题又比较突兀，缺少铺垫，同时也过于笼统，没有引导的方向性，让学生一时无从作答。

B教师第一个问题开放度较高，激活学生发散思维，但是由于接下来缺少引导策略，提问针对学生而并非教学内容，教师情绪和教学内容走向被学生牵制，教师教学调控显得乏力。

C教师的每一个问题，都从具体的情节入手，让学生换位思考，进行决策并追问决策理由，目标清晰，调控有度。

可见，问题或者任务是影响教学走向的关键因素，教师应谨慎考虑问题或任务对学生思维的引领作用。

3. 教学方法对教学走向产生直接影响

C 教师巧妙地利用了故事的非常规情节，并将其进行拆分，并通过角色模拟将学生置入情景，通过提问创造认知冲突，激发学生反思和探究。拆分故事、换位思考、创造冲突等技巧的灵活应用，使该教师的教学进程流畅、有趣，教学调控游刃有余。

案例2

用基尔霍夫电压定律分析复杂电路

（本案例由北京市电气工程学校　冯佳提供）

以下内容节选自教案表头以及第一个环节"明确任务"部分：

课程名称	电工技术与基础技能	课题名称	任务 6.1　用基尔霍夫电压定律分析复杂电路				
授课班级	高一（9）班	授课日期	2015 年 11 月 25 日	课时	1 课时	课型	新授课
教学目标	知识目标		1. 理解复杂电路的概念； 2. 掌握回路的概念； 3. 掌握基尔霍夫电压定律				
	能力目标		1. 能说出复杂电路的定义； 2. 能说出复杂电路中包含的回路个数和名称； 3. 能利用基尔霍夫电压定律对回路列写公式				
	情感态度价值观		学生在学习过程中，逐步树立学习信心，体验未来工作岗位				
教学重点	1. 掌握回路的概念； 2. 掌握基尔霍夫电压定律						
教学难点	能利用基尔霍夫电压定律分析复杂电路						
教学方法	任务驱动教学法						
教学环境及资源准备	教学环境：电工电子实训室。 学生资源：学习页和教材。 教师资源：多媒体课件、教案、教材等						

教学环节	教学内容（教师活动）	学生活动	设计意图	时间分配
明确任务	任务描述：公司质检部门在检验装配车间生产的一批节能台灯样机时，发现存在爆灯现象，现在请你作为检修员找出故障原因	学生根据教师发布的工作任务，思考后明确工作岗位和工作任务。 工作岗位：检修员 工作任务：找出爆灯现象的原因	结合岗位工作内容，创设情境，引领学生进入职业角色，激发学生学习兴趣。	3分钟

教学实施过程的具体情况如下（以下教学实录由姜楠老师记录整理）

师：今天我们共同完成一个新的任务，请大家看一下任务描述（PPT 出示任务描述）。看的同时，请同学大声地朗读这个任务。

生：读任务。

师：看清楚这个任务描述的内容了吗？

生：看清楚了！

师：再给大家10秒钟的时间看这个任务，请大家回答两个问题：看你是否把这里面的重要信息挑选出来了。这个描述在你的工作页里也有。如果你看好了，请你回答两个问题：

第一，今天我们要从事的工作岗位是什么？

第二，工作任务是什么？

你是不是能够从刚才的任务描述中把这两个问题提炼出来，如果你发现了或知道了这两个问题的答案，请你举手示意。

可以了吗？举高点。如果你没有举手，就说明你现在还不知道。请大家举高点。

还有两个同学没找到。

好，请放手，现在大家都找到了。

请你来说一说。工作岗位是什么？

生：电子维修。

师：你们同意吗？

生：不同意！

师：那好请坐，谁有不同的答案？来，你来说。

生：检修员。

师：同意吗？同意的请举手。环顾全班，基本上都举手表示同意。

好请坐。

那我们今天的岗位是检修员。

跟我们前面学的任务不一样，前面学习过装配、学习过调配，从这个任务开始，我们来接触一个新的工作岗位，检修员。那么第二个，我们今天是要干什么哪？来，你来说。

生：查，那个爆灯的原因。

师：把这个话将顺了说，任务是什么？

生：找出故障原因。

师：什么故障？

生：爆灯现象故障原因。

师：好，找出爆灯现象故障原因，大家同意吗？

全体：同意！

师：这是我们今天要干的工作，对吗？

生：对。

师：岗位是检修员，工作是找出爆灯的故障原因。那好，任务知道了，岗位知道了，可能对检修员的岗位我们大家还不太了解，那么从今天开始我们要体验这个岗位。

◆◆◆ 案例 2 评析

1. 教师明确区分课堂教学与教学设计的客观差异

在教学设计（教案中），明确任务环节概括为："结合岗位工作内容，创设情境，引领学生进入职业角色，激发学生学习兴趣。"在课堂上，老师将教案语言转化为生动的教学语言和各种教学行为，如提出两个关键问题："今天我们要从事的工作岗位是什么？工作任务是什么？"在确信学生们都明确自己的角色和责任后，再引领学生进入任务分析环节。教师将教案中"创设工作情境，进入职业角色"的一句话，在课堂上演绎成为一个生动的师生对话过程，这个过程有提示，有指令，有提问，有强调，彰显了教学设计的引导性和教学过程的互动性和灵活性。

2. 教师语言与行为调控积极有效

在布置任务的过程中，教师用富有强调色彩的语言进行提问，用和蔼的语气质疑，用鼓励的语气引导学生思考、判断。在老师的现场调动下，学生不是沉默地阅读、机械地答问，而是朗朗地阅读、积极地思考、自信地"高高"举手、勇敢地答问、坚定地判断。这个教学过程虽然很短，但是活动丰富生动，自然流畅。老师用不同的教学辅助手段，用生动简洁的语言，有效调控了学生的学习思维、学习行动和学习情绪，取得了很好的教学效果。

3. 教师面向全体同学，合理调控教学节奏

上例中，老师关注到个别同学出现理解困难，耐心地进行等待、追问和纠正，在高效地解决个别学生问题的同时，又向全体同学强调了学习重点。老师自己没有直接去纠正学生的答案，而是征求其他同学意见，既引发了大家对这一问题的关注，也让回答错误的同学留下更加深刻的印象。当学生分析关键问题出现障碍时，老师调控课堂的行为充分体现了他对每一位同学的重视，也表现出老师因势利导的教学智慧。

案例3

遗嘱继承的法律咨询服务

（本案例由北京市电气工程学校　王霖、赵靖和张慧荣提供）

以下内容为节选部分：

课题名称			遗嘱继承的法律咨询服务				
授课专业	社区法律服务	授课年级	高二年级	课时	2课时	课型	新授课
教学目标	知识目标		1. 理解遗嘱、遗嘱继承的概念； 2. 掌握遗嘱的形式、内容、效力； 3. 掌握遗嘱继承的适用条件				
	能力目标		1. 能依据遗嘱继承法律规定对一般遗嘱继承问题进行咨询解答； 2. 能依据遗嘱有效条件使用引导问题进行咨询提问，获取案件有效信息				
	素养目标		学生通过案例分析、案例咨询活动，逐步树立依法、有效进行法律咨询服务的职业意识，追求"法—理—情"的平衡				
教学重点			1. 能依据遗嘱继承法律规定对一般遗嘱继承问题进行咨询解答； 2. 能依据遗嘱有效条件使用引导问题进行咨询提问，获取案件有效信息				
教学难点			能依据遗嘱有效条件使用引导问题进行咨询提问，获取案件有效信息				
教法学法			教法：案例教学法　　学法：自主探究、小组合作				
环境资源			多媒体教室"法在社区"自主学习平台 微课（公共免费资源，优酷视频）				
环节（时间）	教师活动		学生活动		调控对象及方法		
课前 准备	★选取案例，设置案例。 ★借助"法在社区"自主学习平台，通过论坛BBS发帖布置课前学习内容。 ★登录平台，查看学生微课学习和课前检测完成情况		◆登录学习平台，完成课前准备活动： 　1. 课前学习 　（1）微课学习：在思考题指引下观看微课《继承中的遗嘱》，完成思考题。 　（2）阅读教材，学习遗嘱继承的概念和适用条件等内容。 　2. 课前检测 　（1）学生完成"遗嘱和遗嘱继承"知识检测，根据系统反馈，自我检查课前知识的学习情况。 　（2）学生完成"遗嘱法律知识"拼图		教师查看学生课前学习情况，发现学生对遗嘱继承的适用条件掌握有待提高。于是将课上案例分析环节做了调整：将一个完整的案例拆成两部分，第一部分为"当事人自述"部分，第二部分为"现场咨询"部分，这是对教学内容做了调整 		

续表

课题名称		遗嘱继承的法律咨询服务						
授课专业	社区法律服务	授课年级	高二年级	课时	2课时	课型	新授课

环节一：展示案例自主分析（15分钟）	★播放典型案例视频"遗嘱·房产·三姐妹"（上）——当事人自述部分，引导学生思考问题。 ★巡视并及时解答学生提出的问题。 ★收集并反馈平台统计的学生完成情况	◆观看视频，思考问题； ◆登录"法在社区"自主学习平台，点击"学习手册"完成案例分析，判断老人留下的遗嘱是否有效，完成后上传平台	教师播放了第一部分"当事人自述"部分的视频，请学生做案例分析，并将分析结果展示 遗嘱效力判断结果统计 有效 17　无效 2　无法确定 1
环节二：对比分析总结规律（30分钟） 第一步：学习咨询对比分析	★请学生继续观看案例视频"遗嘱·房产·三姐妹"（下）——法律咨询过程，并依次记录咨询员（法律服务人员）提出的引导问题。 ★利用自主学习平台查看学生记录引导问题的完成情况。 ★利用自主学习平台对比展示两次分析的不同结果。 ★请学生阐述判断遗嘱效力的结果及分析依据	◆继续观看"遗嘱·房产·三姐妹"视频案例的法律咨询过程。 ◆在平台的"学习手册"中依次记录法律服务人员提出的引导问题。 ◆再次分析老人留下的遗嘱是否有效，将答案提交平台。 ◆学生代表阐述分析依据	学生自主观看第二部分"现场咨询"部分的视频，并记录咨询问题，请学生再次进行案例分析，并将分析结果与第一次对比展示，学生的案例分析结果明显变化，他们自悟出自己在遗嘱适用条件的运用上的问题
环节三：模拟咨询探究技巧（30分钟） 第二步学生分组模拟咨询	★教师展示课前设置的案例，说明模拟规则。 ★教师巡视，查看学生模拟情况，及时解答学生问题	◆系统将教师设置的咨询者身份不同的案例随机分配给学生。 ◆两人一组，分组模拟，做好咨询过程记录，并将咨询录音、咨询记录上传平台。 ◆互换角色，再次模拟。 ◆根据"模拟咨询星级评价标准"在学习平台进行互评	利用信息化平台模拟电话咨询的工作环境，学生两两一组，分别为"咨询者"和"咨询员"进行咨询。 这是针对前面两个教学环节的变化，从学习情境转化为工作情境，这是教师在运用情境调控的方法

案例 3 评析

1. 调控教学内容，实现教学目标

教师在教学预设时设计了一个完整的案例分析，但根据学生课前学习反馈情况，发现学生运用"遗嘱有效要件"分析案例能力有待提高。所以教师将案例拆分成两部分，前一部分为学生根据"当事人自述信息"自主分析"遗嘱效力"（见环节一）；后一部分"遗嘱案例咨询过程"使学生边记录边思考，再次进行分析"遗嘱效力"（见环节二）。经过两次案例分析结果的对比，学生明显对如何运用"遗嘱有效条件"分析案例有了新的感悟。

2. 调控教学情境，实现理实一体化教学

学生在环节二的角色是"学习者"，学习了法律咨询员的遗嘱继承案件的咨询过程；到环节三时，学生角色转化为"咨询员"（根据学生未来的工作岗位"社区法律咨询员"设置）和"咨询者"，教师利用信息化技术为学生提供了法律咨询工作的模拟工作环境。这种学习情境的改变使学生以持续兴奋的状态投入到学习、工作中。同时，如本例，学生经历了咨询者的角色体验，对自己作为法律咨询员的专业知识、咨询技巧等要求会更高。所以，调控教学情境，可以使学生从不同视角审视自己的学习内容和工作内容，提高他们的学习兴趣，提升他们的职业素养。

 能力训练

1. 请您对自己的教学进行一次文字实录，选择其中两个环节填写下表。

教案中的教师活动 （教案摘录）	实际中的教师教学言行 （课堂实录）	当时学生的反应 （课堂实录）	教学调控效果自评 及反思
1			
2			
以上两环节的调控效果比较			

2. 当教学中产生突发事件，您处理的原则和思路是什么?

_____

_____。

反思提升

1. 本专题的学习要点是:

_____

_____。

2. 通过学习，您现在对"合理调控教学走向"的理解，在哪些方面有了提高? 请结合教学实例谈一谈自己的体会。

_____

_____。

3. 您对我们的宝贵建议是: _____

_____。

阅读材料

模仿《爱的抉择》

本材料源于网络文章

上网查询名师的课堂实录时，我看到王崧舟老师的作文课《爱的抉择》，我决定模仿演绎这节课:

我请学生在纸上写下他们最爱的五个人，然后要求"划去一个，想象他永远地离开了这个世界……"。

当其他同学瞪着眼睛看着我，倪子凡就开始嚷了:"噢，是这样，我马上换一个我讨厌的人。"还没等我想好该怎么制止他，就已经有好几个同学受他的启发开始换人了。情急之下，我宣布:"不能换人，这是游戏规则……"我口气坚定制止了学生们的换人计划。

在王崧舟老师的课堂里，学生们都哭诉着自己划去一个亲人时的感受。而我引导学生分享时，李翰冰说:"我划去了我爸爸。因为他常常打我，他离开了这个世界，就不能再打我了。"……

为什么我的课堂中会接连出现令人意想不到的情况呢?

我决定自己做示范，在黑板上写下了"女儿、爸爸、奶奶、妈妈、妹妹"，我望着黑板思索了一下，在"奶奶"上面画上了杠。不知是谁在下面叫起来:"我知道，因为奶奶年纪最大，已经活够了。"我没理他，继续自顾自地说:"我是我奶奶带大的，我的女儿也是我奶奶带大的。……现在,她老了,我每个星期都要打电话去跟她聊天。可要是她从此不在了,我这个电话该往哪儿打呢……"我竟然哽咽着说不下去了。一定是我的哽咽令他们感到震惊,课堂中出现了少有的安静。我吸了口气说:"如果我把我刚才说的这段话写下来,就是写作。同学们,把你划去自己所爱的人时的所思所想所感写下来吧!"

这一回,学生没有异议,都拿起笔来开始写了。

读着学生"当我拿起笔,划去某某某时,我的心里难受极了。因为……"式的作文时,我就开始后悔了:我为什么一定要让全班所有的同学都参加这个游戏呢?我为什么一定要强调最爱的人离去时那份痛苦的感受呢?……当我们把这个游戏引入课堂时,首先要想清楚:我们的课堂目标是什么?在达成课堂目标的过程中,这个游戏可以起到什么作用?我们的课堂目标是引导学生准确地表达自己的感受,可以是按照游戏规则去执行的感受,也可以是拒绝按照游戏规则行事的感受……如果非要照着游戏规则去做,那只能说明我们还不明白"教材"的真正含义——材料不是目的本身,材料应根据教学的需要灵活运用,是用教材教,而不是教教材。

于是,我在其他课上又做了新尝试:

当我说出了那道残酷的指令后,学生们的反映出奇地相似:要在名单中换掉自己最爱的人。我镇定地说:"如果你能说服自己按游戏规则去做,你将会有全新的深刻感受。如果你不能说服自己尝试,你也可以选择做个旁观者,或者试着修改游戏规则。"

看到沈帷宇没有动笔,我问他:"为什么不划?""因为这五个人对我来说都很重要,我不能没有他们。""难道就不能排出个先后吗?"他说不出来。我顺水推舟:"凡是有良心的人,都不愿意去做这样的选择。还有哪些同学像沈帷宇这样下不了笔的?"(顺应策略)七八个人举手。我对他们说:"你们需要仔细思考一下:你所爱的这五个人是真的比不出高低,还是你不愿意去将他们比个高低,还是别的什么原因使你下不了笔?你能把你不愿意下笔的原因详细地写下来吗?"

接着,我问到"按照这个游戏规则做的同学,你划掉了谁?为什么?"坐在门边的陈言亮嬉笑地说:"我划掉了你。"全班哗然。我不急不躁地问:"为什么?""因为你是我认识时间最短的。""我很荣幸,我们认识不久,就被你列入了最爱的五个人。冒昧地问一下:你爱我什么呢?"一番回答后,我又问:"你知道我离开了这个世界,会有哪些人伤心欲绝呢?"(移情策略)"你的爸爸妈妈。""是呀,我父母如今都已年过六十。我走了,谁来照顾他们呢?我还有一个86岁高龄的祖母……还有一个刚上初中的女儿……"一番介绍后,我再问:"听了我的介绍,你是否决定仍然将我划去呢?"他摇着头坐下了。我顺着他们的思路引导他们在另一个生活圈子中体会游戏的本意。如果我一定要按照游戏规则请他谈划去我时的感受,则会陷入尴尬的境地。

"当我们真正选择自己内心中深深爱着的人离去时,我们又会有什么感受呢?"

　　"我划去了我弟弟。尽管他老是要跟我抢东西。但想到今后再也不能和他一起玩了，也不会再参加他的生日会了，我就很痛心。"

　　"是啊！很多东西，当我们拥有它的时候并没觉得珍贵，一旦失去了，才感受到它的珍贵。"这是我自己觉得很满意的"重彩一笔"，因为事先我并没有想到可以把这个道理如此水到渠成地说出来。

　　"我划去了我自己，因为我不舍得划去他们，就只能划去我自己。"

　　"想象一下，如果没有了你，你爱着的那些人会有什么变化？"

　　"他们会哭的。妈妈可能会晕倒。爸爸伤心得吃不下饭，爷爷奶奶的高血压病又犯了。还有外婆，肯定会发疯的……"

　　女孩的描述令我的喉头发涨。我轻轻地问："那么，你忍心让他们这么痛苦吗？"

　　"不忍心。"

　　"那如何才能让他们不遭受这样的痛苦呢？"

　　孩子无语。另一个女孩举手："要保护好自己，不让自己先死。"

　　"说得太对了！我们是父母亲人的希望，身系他们的幸福。所以我们要爱自己！爱自己就是爱我们所爱的人！来，把你自己的名字重新写上，要写得大大的，重重的，端端正正的。"

　　这"一笔"更令我满意，我与学生一起经历了从"划去"到"重新写上"的过程，所体会到的不仅仅是自己对亲人单向的爱，还有亲人对自己的爱。"划去我自己"——是这一句令人意外的回答给了我对话与引导的机会，这样的对话令我懂得了"让课堂焕发出师生生命活力"的意义。

　　灯下，我读着学生的作文，也读着自己教学这节课的心路历程。学生作文中情感的诚挚源于我们对学生想法的尊重；这诚挚的感情、丰富的内容、有个性的文字令我们内心充溢欢欣，它们的发源地就是"意外"。没有"意外"就只剩下"预设"了，是"意外"给了我们精彩"生成"的机会，我们怎么能不感谢学生在课堂中制造的意外呢？

专题七　指导学法培养思维

学习目标

理解：指导学法培养思维的含义。

学会：指导学法培养思维的主要内容。

掌握：指导学法的一般性方法。

运用：能依据专业和课程特点，指导学法培养思维。

问题提出

指导学法是教学实施过程中的一个重要环节，如何有效地进行学法指导影响着课堂教学的效果。学生学习很多时候是在教师引导下，自己学会的。因此，提高教学质量的关键，是优化教学过程，引导学生主动学习，将学得的知识和技能与生活实践结合进行思维，并结合学生的具体情况，因材施教，帮助学生构建知识。下面请您参与我们的活动，谈谈您如何看待指导学法培养思维。

◆调查内容

1. 您是如何认识"指导学法，培养思维"的？

A. 指导学法是通过一定的途径对学生进行学习方法的传授、指导、诊治，使之掌握科学的学习方法并灵活运用于学习之中

B. 学法指导的根本目的是教给学生学习方法，让学生自主学习

C. 在教学中渗透学习方法和思维方法的指导

D. 进行学法指导的前提是调动学生学习的积极性、主动性

E. 通过任务单的形式引导学生自主学习

您的选择：＿＿＿＿＿＿＿＿＿＿＿＿＿＿＿＿＿＿＿＿＿＿＿＿＿＿＿＿。

您的补充：＿＿＿＿＿＿＿＿＿＿＿＿＿＿＿＿＿＿＿＿＿＿＿＿＿＿＿＿。

2. 您认为哪些方法可以指导学法培养思维？

A. 发挥学习动机的作用

B. 有机渗透，寓学法于课堂教学中

C. 注重学习常规的检查和落实

D. 课内与课外指导相结合

E. 学法指导融入教学研究中

您的选择：_____。

您的补充：_____。

◆分组讨论

请看下面的案例，谈谈您对案例的看法和启示。

▰▰▰ 案例

免责行李的收运

（本案例由北京市求实职业学校　王迎提供）

授课地点：模拟航空港值机柜台

教学内容：旅客乘坐飞机，要办理行李托运和值机手续。

【甲教师】

1. 教师创设工作情境：3 名旅客，A. 携带易碎物品（酒类），B. 携带破损行李，C. 晚到有行李托运，请你来办理托运和值机手续。

2. 请学生小组讨论，根据以前学习的行李托运相关规定，请每组派代表回答，教师点评。

【乙教师】

1. 通过视频布置工作任务——值机中遇到的三种特殊情况。携带易碎物品（酒类）的旅客、破损行李的旅客以及晚到且有行李托运的旅客，请根据相关规定办理托运和值机手续。

2. 学生小组讨论，分析任务。请学生参考学习资源，独立完成任务单的填写提交到学习平台。

任务	所属类型	产生原因	造成后果	适用法规	采取措施
任务一					
任务二					
任务三					

学生通过小组讨论，根据任务单提示分析任务。从所属类型、产生原因、造成后果、使用法律规定、采取措施对三个任务进行分析。

3. 分享彼此的学习成果，学生互评，教师点评。

（1）请您分析，这两位老师的教学，哪种能有效指导学法培养思维？请说出您的理由：

_____

_____。

（2）您如果还有更好的指导学法培养思维方式，请写出来：

_____。

对"指导学法培养思维"能力要点的解读

《北京市朝阳区职业高中专业教师教学能力检核标准》对"指导学法培养思维"的检核标准见表7-1。

表7-1　指导学法培养思维的检核标准

能力要点	合　格	良　好	优　秀
指导学法培养思维	能够在教学中渗透学习方法和思维方法的指导	能够根据教学内容恰当指导学生的学习方法和思维方法。能培养学生的职业意识、专业能力、方法能力和社会能力	能够根据专业及课程特点有效指导学生的学习方法和思维方法，提高职业素养

一、什么是指导学法培养思维

1. 学习方法

学习方法是通过学习实践总结出的能快速掌握知识的方法，是人们在学习活动中所应遵循的态度、原则以及采用的程序、方式、手段、技能的总和。

常用的学习方法有：收集信息、阅读、描述、记录、操作、观察、提出问题、分析、对比、归纳等。

2. 思维

思维是一种在感觉、知觉、表象等感性认识基础上产生的理性认识活动，它是通过概念、判断、推理等形式对现实所做的概括反映，是客观事物的一般属性和事物的内在联系在人脑中的间接的、概括的反映。人们通过思维达到对事物本质的认识。

3. 思维能力

思维能力是学习能力的核心，是指人们在实践基础上形成的认识并反映客观事物的相对定型、相对稳定的形式、方略、技巧。思维能力包括理解力、分析力、综合力、比较力、概括力、抽象力、推理力、论证力、判断力等。它是整个智慧的核心，参与、支配着一切智力活动。

4．学法指导

学法指导全称为学习方法指导，主要是指教育者通过一定的途径对学习者进行学习方法的传授、渗透、指导、训练，使学习者掌握科学的学习方法并能动地运用于学习之中，从而逐步形成较强的自学能力。简而言之，学法指导是教师在教学过程中对学生进行如何学习的方法讲解和训练的过程，使学生逐步掌握科学的学习方法并灵活运用于学习之中，从而提高学习效率。其目的是要"教会学生自主学习"。

5．培养思维

培养思维就是在教学过程中，教师通过设问、启发、指导、训练等方法，激发学生积极思考，开发学生智力，提高对客观事物的认识过程和学习能力。因此，培养思维能力也就成了课堂教学中核心且高层次的目标，也是教师进行学法指导的核心。

6．职业素养

素养是指修习涵养、素质与教养，或平时养成的良好习惯。它是由训练和实践而获得的技巧和能力。

职业素养是指职业内在的规范和要求，是在职业生涯中表现出来的综合品质，包含职业道德、职业技能、职业行为、职业作风和职业意识等方面。

二、指导学法培养思维的关键要素

根据《北京市朝阳区职业高中专业教师教学基本能力检核标准》对有效激发学习动机的检核标准，确定指导学法培养思维的关键要素见表7-2。

表7-2　指导学法培养思维的关键要素

能力要点	关键要素
指导学法培养思维	1.专业课中典型的学习方法 2.学法指导培养思维的途径 3.培养思维，提高职业素养

（一）专业课中典型的学习方法

教师在课堂教学的各个环节中应有意识地指导学生，学会学习的方法。专业课常用的学习方法有情境体验、信息搜集、直接观察、合作讨论、反思评价等。

1．情境体验法

建构主义认为，课程与教学设计的主要任务是为学生的主动学习和知识建构创设一种真实且能激发学生强烈学习动机的学习环境。在课堂教学中，通过教学环境的作用激起学生强烈的兴趣，将学生完成"任务"的过程与情感活动结合起来，促进学习者个性的充分发展，有效提高教育的质量。

情境体验注重增强学生的参与意识和参与技能，提高学习兴趣。学生在情境体验中，体会特定的真实职业岗位中自己与上游岗位、下游岗位、左右岗位的相关性与协作性，激发学习热情，养成团队意识和职业角色的责任心，提升综合职业能力。

2. 信息收集法

信息收集法是在教师的指导下，学生对某个专题的有关信息进行收集、整理、比较、分析和综合，从而认识事物的活动方法。通过信息收集，学生初步了解信息收集法的基本过程，从中培养信息意识和收集、处理、交流、应用、评价信息的能力。信息收集法的运用不仅在于让学生通过信息收集获得新知，更重要的是让学生参与收集、整理、分析、交流信息的全过程，学会运用信息收集储备知识，提高信息意识和信息能力。

3. 直接观察法

学生通过物体观察、模型观察、行为观察、环境观察、媒体观察、事件观察等，对所学内容进行有目的、有计划地感知和思维。学生在观察中，启动思维，了解事物的特征，确定操作方法，提高自主学习能力。

4. 合作讨论法

合作讨论法是学生在教师的指导下为解决某个问题而进行小组合作探讨、辨明是非真伪以获取知识的方法。通过合作讨论，学生逐步养成合作能力、独立思维能力、口头表达能力，促进学生灵活地运用知识。教师布置任务后，可采取小组合作讨论的方式组织教学，请学生制订方案。讨论的形式可多样化。如可用分组、自由组合、共同讨论等形式。在讨论过程中，要做到有比较、有鉴别，相互之间取长补短，相互启发，共同提高。在学生充分发表自己见解的基础上，教师引导学生得出正确的结论，必要时可由教师或学生归纳总结性的结论。

5. 反思评价法

评价是更有效的学习方法，教师应给学生提供可操作性的评价标准。通过学生自评、学生与学生互评、教师与学生共评等方式，先培养学生按标准做自我评价，然后再对别人评价，最后达到能够互相评价，起到相互帮助与相互促进的作用。使学生互相学习、互相激励，调动教与学双方的积极性，促使师生共同发展。

（二）学法指导培养思维的途径

1. 情境创设法

保加利亚暗示学家 G·洛扎诺夫指出："我们是被我们生活的环境教学和教育的，也是为了它才受教学和教育的。"教学情境是指在课堂教学中，根据教学的内容，为落实教学目标所设定的，适合学习主体并作用于学习主体，产生一定情感反应，能够使其主动积极建构性学习的具有学习背景、景象和学习活动条件的学习环境。

在课堂情境教学中，要求从学生的经验出发，贴近学生的生活实际，使学生获得丰富的学习经验和真切的体验，这使得教师从讲授者变成一个环境的创设者、方法的提供者。建构主义理论认为，学生学习是在教师的指导和组织下，以学生的"学"为中心，教师是学生建构知识的引导者，引导学生沿着正确的方向，并采用科学的方法，充分激发学生的学习兴趣，让学生独立思考，独立解答，使他们自己摸索出其中的奥秘。

课堂教学情境创设的常用类型有：现实生活展示情境、角色扮演体会情境、多媒体手段再现情境、专业特点演示情境等。专业课中常用的是创设情境，激发学生兴趣后，运用信息收集法进行学习。

2．问题指导法

课堂提问是在教学过程中，根据教学目标、教学内容、学生情况等设计问题进行教学的一种教学方法。在教学中创设良好的问题，有助于引导学生主动思考和参与对话，培养良好的学习习惯，启发思维。

3．示范演示法

示范演示法是教师通过实物、教具，进行示范性操作，或通过现代化教学手段，使学生获取知识的教学方法。演示法常配合讲授法、谈话法一起使用，它对提高学生的观察能力和抽象思维能力，减少学习中的困难起重要的作用。在专业课中常用的是演示讲授与实践操作相结合的教学方法。教师通过演示示范操作，使学生学会正确的工作方法。

演示讲授的教学方法是教师运用计算机、投影仪等现代化教学手段边演示边讲解，将枯燥难懂的原理和复杂抽象的操作知识清楚地解释和描述，在增加学生感性认识的基础上，使学生获得知识的一种教学方法。演示讲授法的使用，在帮助学生理解概念、培养学生的观察能力、思维能力、降低学习难度等方面起重要的作用。教师可按以下步骤指导学生学习：

（1）借助媒体。

教师通过多媒体、实物投影仪等硬件设备，示范演示熔接光纤的全过程。降低学习难度，突破教学难点。

（2）演示讲授相结合。

学生如果长时间看计算机屏幕或投影仪屏幕，容易注意力不集中，所以演示操作要配合讲授一起使用，在讲授时要注意联系实际，语言要有感染力。这样，学生对所学内容既一目了然，又印象深刻，可以取得事半功倍的效果。

（3）引导学生进行观察。

在演示过程中，教师要引导学生进行观察，将学生的注意力集中于演示对象的主要特征或软件系统的安装使用过程上，进而引导学生进行抽象思维，培养学生的空间想象力和思维能力。

（4）重点强调容易出错的问题。

教师在演示讲授过程中，对各个步骤或环节中容易出错或需要注意的点，要重点强调或演示，注意分析为什么会出现这样的问题，教会学生如何避免以及如果出现这样的问题如何解决等。

（5）及时安排实践操作。

在一部分内容演示结束后，要及时安排实践操作，让学生自己有动手操作的机会，使学习的内容得到强化巩固。

（6）实践操作阶段。

这是教学过程的重要环节，也是学生形成操作技能的主要途径。为了获得较好的成效，教师应注意以下问题：

1）明确实践操作的目的与要求。

实践操作之前，教师必须事先布置任务、明确要求。学生根据教师布置的实践任务，事先做好方案，充分利用时间加强技能训练。教师要注意培养学生综合运用所学知识的能力。

2）明确实践操作方法。

在实践过程中，可以先模拟练习基本的操作步骤，再完成教师布置的时间任务。教师可以给学生提供学习资源，包括具体的要求、操作步骤等，要求学生从小步骤到大作业，循序渐进地进行练习，真正将所学知识转化为自身的技能。

3）加强实践操作指导。

实践操作时，教师要不断地巡视，注意观察学生的操作，有重点地进行指导，及时纠正学生的不良操作动作，对于大部分学生不懂或出错较多的问题，教师要再次示范操作（或制作好示范演示的微课视频，请学生自主观看学习）。

4）加强学生之间的相互交流。

分组进行实践操作，遴选专业知识和技能比较好的学生担任小组长，负责本组学生的学习。通过信息化手段及时录制本组组员的操作，交流分享，自主矫正规范操作。教师鼓励学生间加强协作，沟通交流，使学生接收到不同的信息和不同角度的意见，这会促使他们进一步丰富、拓展自己的思路，提高解决问题的能力，培养思维。

5）按规定进行实践操作。

要对学生进行遵纪守法、爱护公物、注意公共卫生和互相协作精神的教育。实践操作结束后，要求学生做好上机登记、整理机房、关闭电源，教师要做好机房安全检查工作。

4. 思维导图法

思维导图最初是 20 世纪 60 年代英国心理学家东尼·博赞（Tony Buzan）发明的一种笔记方法，又称心智导图，是表达发散性思维的有效的图形思维工具，也是一种革命性的思维工具，简单却又极其有效。思维导图运用图文并重的技巧，把各级主题的关系用相互隶属与相关的层级图表现出来，把主题关键词与图像、颜色等建立记忆链接。思维导图充分运用左右脑的机能，利用记忆、阅读、思维的规律，协助人们在科学与艺术、逻辑与想象之间平衡发展，从而开启人类大脑的无限潜能。因此,思维导图具有人类思维的强大功能。

思维导图一般以主题为中心有层次地向四周延伸，内容由抽象向具体过度，呈发散形式。思维导图式教学设计即教师借助 MindManager 等软件制作思维导图，运用思维导图呈现一个内隐的思维过程。教师依据教学对象的一般特征、起始能力、学习风格等，分析教学目标（知识与技能、过程与方法及情感态度价值观的三维目标）、教学重难点，在此基础上进一步设计教学事件、教学策略、教学评价与反思，并将其呈现在思维导图中，以提高教学质量。

（三）培养思维，提高职业素养

思维的一般过程是发现问题、提出问题、收集和运用具体的材料、借助思维的方法对具体材料进行加工、得出结论并进行验证。典型思维形式有逻辑思维、创造思维、工程思维等。

（1）逻辑思维是指符合某种人为制定的思维规则和思维形式的思维方式，在逻辑思维中，要用到概念、判断、推理等思维形式和比较、分析、综合、抽象、概括等方法。

（2）创造性思维是指思维活动的创造意识和创新精神，不墨守成规，奇异、求变，能够创造性地提出问题和创造性地解决问题。

（3）工程思维是指人类如何利用有限的人力、物力和财力作用于各种资源进行统筹协调以找到最优的解决方案，同时，缩小预期结果与实际结果的差距。

在专业课教学中，教师引入企业的真实任务，让学生在情境中体验，提高学生学习兴趣，激发学生思维。贴近企业的工作过程，让学生主动探究。工作过程知识是一种与工作情境相关的、需要在实际工作过程中直接获得的知识。"职业教育就是把教学、求知和做事结合在一起，做中学，学中教"。引导学生主动探究，搜集信息制订方案并实施。如计算机维修课程实施中，将联想阳光服务规范作为标准要求学生，保证每个环节的规范操作。教师引导学生首先对照故障单进行故障核对；其次维修前准备工作，如校对仪表，检查工具，检查防静电等；最后按规范维修，包括规范拆机：拆装中杜绝野蛮作业，避免二次故障；规范诊断：从易到难，分别用观察法、排除法、替代法等进行诊断；规范验机：维修完毕后设备断电，机器复原，工具复位。每个环节都以企业工作标准为依据，引导学生在学习中学会工作的方法，培养学生逻辑思维能力和工程思维能力。提高学生职业素养。

行动导向的教学是让学生在真实工作环境、完整工作过程的体验中建构知识、习得技能、获得能力。学生能够在已有的知识和经验背景下，自我建构新的知识、可用的经验，既需要教学过程中信息收集、分析思考、操作体验、构建新知，又需要教师提供有效的、真实的、丰富的工作技巧和经验。如《网络布线与测试》课程，学生在仿真的实训环境中，依据企业的工作标准，按照企业的工作流程，引导学生依次完成单间办公室、单层多间办公室、单栋办公楼的网络施工勘测、设计、布线与测试。引导学生在布线网络施工工程的一系列活动中体验技能操作、运用工作技巧，建构成熟的经验体系，培养创造性思维，提高综合职业素养。

案例分析

案例 1

《制作名片——Word 图文表混排》

（本案例由北京市求实职业学校　王茹提供）

创设情境：首先播放情境故事 PPT："我们刚刚毕业参加工作，现在在银行工作，周末要去参加一个 Party，需要带上几张名片，手头上也没有现成的名片。去做一盒，但要一段时间，还得花钱，怎么办？"师生共同看完情境故事 PPT 后，引出课题——用 Word 制作名片。

环节 1：展示样张，提出制作名片的具体要求：

- 名片用 A4 名片纸、彩喷打印
- 插入银行 logo（由第 4 组同学课前收集提供）
- 将 logo 制作成水印样背景

学生根据自己的实际情况选择不同的任务；模仿样张，进行设计；符合要求，自由创意。

环节 2：学生分组，利用互联网收集学习资源

1 组：查询印刷名片的价格、名片纸的规格、印刷名片的方式

2 组：搜集经典名片，做成 PPT

3 组：搜集各银行的 Logo 及银行网点岗位设置

4 组：搜集用 Word 制作名片的方法

学法指导：学生搜集信息过程，教师指导让学生学会网络搜索方法和技巧。

1）搜索引擎

提供给学生目前国内主要的搜集引擎：

百度 http：//www.baidu.com 国内最大综合搜索

Google http：//www.google.com.hk 综合搜索

有道 http：//www.youdao.com 网页、博客、图片、词典等

2）搜索关键词的选择

引导学生输入关键词界定，如"银行名片模板""名片规格""名片制作方法"等，需要不断变换搜索关键词，根据查找结果内容再进行对关键词进行修正，直到查到满意的搜索结果。

3）搜索技巧

主要是针对百度、Google 等搜索引擎一些高级搜索技巧。

如需要 PDF 文件类型搜索：可在百度文库中输入关键字，可选择文件格式以及发布时间等。引导学生掌握搜索技巧学习。

案例1评析

教师结合现实生活创设情境使学生进入情境，从而自主学习"名片制作"这一内容。教师的作用是首先激发学生的学习兴趣及探究欲望，随后引出环节2的任务。学生在兴趣引领下，自主收集学习资源。教师指导学生通过互联网快速准确查找所需信息，学生的社会能力得到锻炼；第二章曾经学过利用网络搜索、查找、整理信息，在此培养学生应用计算机学习的能力。

案例很具代表性，突出的特点就在于：其一，结合了金融专业特点、学生生活中的经验，设计任务营造工作氛围。很好地吸引了学生的注意，激发了学生的兴趣，调动了学习的积极性。其二，学生体验如何收集名片制作的过程中，主动学会了运用网络，收集到名片的尺寸、规格、制作方法，印刷价格等；更为重要的是，培养了学生运用信息技术解决实际问题的能力。本课中教师让学生在情境体验中学会了信息收集解决问题。

案例2

学习情境：现有 4 家公司，有 4 种不同的网络环境，学生要根据所选网络环境，完成 Web 服务器部署任务，具体查看任务单中公司网络环境介绍。

（本案例由北京市求实职业学校　邓凯提供）

任务考核标准

序号	考核项
1	正确设置服务器 IP 地址。
2	正确安装 Web 服务。
3	正确创建站点根目录。
4	正确绑定域名。
5	正确配置客户端，完成测试。
6	能够冷静思考并解决操作过程中遇到的问题。
7	与组员配合默契，有合作意识。

明确试验要求与评价标准后，组织学生制订方案。教师设置 3 个问题，帮助学生完善方案。

片段一：老师提问

☹ 问题 1：站点主目录的作用？

☺ 学法指导：指导学生学会阅读相关资料，理解站点主目录的作用。

☹ 问题 2：怎么能快速访问到服务器？

☺ 学法指导：引导学生思考通过搭建 DNS 服务器，绑定域名，从而实现快速访问服务器。

☹ 问题 3：如何检测 Web 服务器部署是否成功？

☺ 学法指导：引导学生自主学会通过互联网收集 Web 服务器部署的正确方法；并查找可能出现的错误提示有哪些？如何解决？从而学会正确的流程，并学会解决故障的方法。

片段二：实施任务中，教师设障，竞争解决

教师在四台服务器中，分别设置了"陷阱"，问题如下：

☹ "陷阱" 1：教师故意将网站所在文件夹 "Everyone" 用户权限设置成全部拒绝。

☺ 解决方法：引导学生为 Everyone 用户增加"读取"权限即可。

☹ "陷阱" 2：教师准备两个网页，一个名为 default.htm，另一个名为 index.html（网站首页），学生测试时会发现，总是先浏览 default.htm。

☺ 解决方法：引导学生调整 Web 站点属性中"默认文档"设置的顺序。

☹ "陷阱" 3：教师将待发布的网页名改为"首页 .html"，学生测试发现无法浏览网页。

☺ 解决方法：引导学生在 Web 站点属性"默认文档"中，添加"首页 .htm"。

案例 2 评析

　　本案例教师根据学生的情况，创设工作情境，进而提出让大家制订方案。给大家一个学习、探索问题的基本思维方法。在学生为了制作方案，小组讨论，搜集信息的过程中，提出 3 个问题，引导让学生自己去阅读、研究、讨论……，体现了"问题解决"学习方式的基本思维方法和解决问题的具体方法。这样获得的知识，既易于理解，便于记忆，又能灵活运用，老师只起到"指路人"的作用。最后教师还设置故障问题，采用了激励措施，既激发了个人的积极性，也调动了小组的积极性。根据教学内容在教学中渗透学习方法，培养学习习惯，根据专业课特点有效指导学生的学习方法和思维方法，有利于提高学生解决实际问题的能力。

案例 3

光纤熔接

（本案例由北京市求实职业学校　刘佳提供）

　　任务情境：教师播放视频，某公司承担了学校的建设项目。目前，已经分别完成了 3 个楼层的网络布线，现要完成 3 个楼层到学校主控中心的光纤链路路由对接，你作为工程师请做好实施并测试。

　　教师通过多媒体、实物投影仪等硬件设备，示范演示熔接光纤的全过程，边讲解正确的操作方法和注意事项。

　　教师示范操作步骤如下：

　　（1）开剥光缆。

　　提示学生：确定光缆外护套开剥线长度 1 m 左右，特别注意不要损伤到束管。

　　（2）分纤。

　　提示学生：将光纤分别穿过热缩管。将不同束管、不同颜色的光纤分开，穿过热缩管。

　　（3）准备熔接机。

　　提示学生：熔接前要根据系统使用的光纤和工作波长来选择合适的熔接程序。

　　（4）制作对接光纤端面。

　　提示学生：首先用光纤熔接机配置的光纤专用剥线钳剥去光纤纤芯上的涂覆层，再用沾酒精的清洁棉在裸纤上擦拭几次，用力要适度。用精密光纤切割刀切割光纤，切割长度一般为 10~15 mm。

　　（5）放置光纤。

　　（6）移出光纤，用加热炉加热缩管。

　　请学生模拟操作，通过后，在进行实际熔接。教师拍摄记录某些组操作，以便集体分享，点评，统一标准。

案例 3 评析

> 教师在示范光纤熔接过程中，将工作标准、要求落实到每个操作环节，确保正确、规范。演示讲授相结合，讲授时联系实际。引导学生学会观察操作的细节，不仅将学生的注意力集中于光纤熔接机的使用、熔接的步骤，还引导学生进行抽象思维，培养学生的空间想象力和思维能力。示范中还重点强调容易出错的问题。光纤切割刀切割光纤的切割长度、套放热缩套管的工序等，教会学生如何避免以及如果出现这样的问题如何解决等。随后教师及时安排实践操作。让学生自己有动手操作的机会，使学习的内容得到强化巩固。每个环节都以企业工作标准为依据，引导学生仔细观察，学会培养独立思考，培养思维。

案例 4

制作南航企业宣传演示文稿

（本案例由北京市求实职业学校 王洋提供）

（1）教师在运用思维导图时，确定主题为"制作南航企业宣传演示文稿"，将中心主题置于中央位置，整个思维导图将围绕这个中心主题展开。然后头脑风暴，引导学生自主分析其中的步骤，总结流程。这个环节中做好结构层次的整体规划，将所教内容合理地设计到 PPT 中，是关键之处；直观信息传利用思维导图可以促成师生形成整体的观念和在头脑中创造全景图，进一步加强对所学和所教内容的整体把握，并且根据教学过程和实际情况可以作出合理的调整。

（2）考虑"次主题"，就是上一层主题的延伸，也是学生学习的主要内容，围绕中心主题展开想象，及时记录中心主题包括的各方面内容并标记于图中。"次主题"即相应本任务的主要完成步骤，如图 7-1 所示，也是教师进行讲课的主要内容，包括分析观众、选择模板、整体构思、组织素材、美化页面、动画设置、演示准备等环节。

（3）在"次主题"后，罗列更为细节的要点。此时更要发挥想象力，将主要细节要点罗列于次主题之后，且要留有适当的空间，以便随时增加内容。例如，在分析观众中分析核心观众、关注点及演示场合；在选择模板中说明了模板选取方式；在整体构思中分析 PPT 结构及注意事项；在组织素材中分析各种素材对象，要借助母版及配色方案对页面进行美化等。

（4）整理思维过程。该过程是把握大局的最后一步，教师要帮助学生整理各个次主题及相应的具体细节内容，寻找它们之间的逻辑联系，形成完整的可视化思维全景设计图。

图中可巧妙运用线条、颜色、图形等加以辅助，使中心主题—次主题—具体细节内容得以联系，使之清晰且富有条理性。

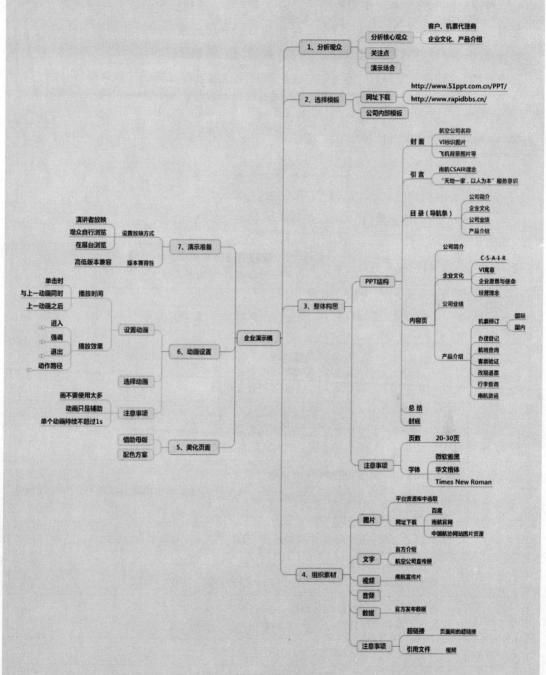

图 7-1

案例 4 评析

　　教师利用思维导图制作南航企业宣传演示文稿，逻辑结构清晰，头脑风暴，可有效激发学生的学习兴趣。课堂上学生将教师利用思维导图制作的演示文稿制作步骤所展现的可视化思维记录下来，并通过实际制作，巩固学习，提高发散思维水平，理清思维脉络，还可供学生回顾整个思维过程。实现了教学最优化。

案例 5

室内环境温度湿度数据分析
——Excel 中 IF 函数及其应用
（本案例由北京市电气工程学校　李军玲提供）

授课教师	李军玲	课题名称	室内环境温度湿度数据分析——Excel 中 IF 函数及其应用			学生专业	空调制冷
年级	高一	授课地点	三层机房	课时	2	课型	理实一体
班级	4~6						
教学目标	知识目标	1. 能概述 IF 函数的功能。 2. 能说出 IF 函数对话框中各参数的含义。 3. 能简单说出 IF 函数的嵌套功能					
	能力目标	1. 学生能将 Excel 中 IF 函数解决判断问题的方法运用到实际工作生活中。 2. 学生会利用简单 IF 函数完成简单数据分析。 3. 学生初步学会利用嵌套 IF 函数完成复杂数据分析					
	情感、态度、价值观	1. 学生在利用 IF 函数进行数据分析的过程中，能够体验到要保证数据分析结果的科学性，必须始终保持认真严谨的态度，准确利用专业知识进行条件设定。 2. 学生通过学习并利用 Excel 函数进行数据分析，体验到解决问题的高效快速，从而体验到将 Excel 知识融入专业课学习的好处					
教学重点	1. IF 函数对话框中各选项的含义。 2. 将专业知识中的判断问题转换为 IF 函数的方法						
教学难点	1. 将专业知识中的判断问题转换为 IF 函数的方法。 2. 将多层条件判断转换为嵌套 IF 函数的方法						
教学方法	任务驱动教学法自主探究学习						
教学手段	利用多媒体教学系统进行演示教学，借助教学课件与学习课件辅助学生学习						

室内环境温度湿度数据分析
——Excel 中 IF 函数的运用

教学环节	教学内容（教师活动）	学生活动	指导学法培养思维
课前预习 任务准备	预习内容： 　继续利用网络资源搜集 Excel 常用函数的使用方法与应用案例，将搜集到的资源分享到班级 QQ 群。 　根据所学知识完成以下选择题 室内环境温度湿度数据分析 任务准备 1. 继续利用网络资源搜集Excel常用函数的使用方法与应用案例，将搜集到资源分享到班级QQ群。 2. 请根据所学知识完成如下选择题。 　如果室内温度大于43℃，则对身体　有害 　如果室内温度小于等于43℃，对身体　　则对身体　正常	课前学生完成预习内容，将完成后的预习作业以截图的形式分享到班级 QQ 群	课前预习，指导学生学会预习，培养学生良好的学习习惯
创设情境 明确任务	展示同学们在《制冷》专业课中的实验记录表格，描述学生在制冷专业课中的实训情境。 　直接引出本节课的课题：利用 IF 函数解决数据分析问题	与老师一起描述实训情境，说出完成技能实训采取的方法	情境创设法，指导学法培养思维。 　观察数据，培养学生观察的习惯，启动思维
	对比数据原始记录表与数据分析表，分析本节课要完成的工作任务是数据分析： 1. 根据室内平均温度分析夏季室内温度情况。 2. 根据室内平均湿度分析夏季室内湿度情况。 3. 根据温度与湿度分析结果进行综合分析	学生与老师共同分析要完成的工作任务。学生发现利用已有知识无法完成数据分析任务	
自主探究 分析任务	引领学生总结 IF 函数的功能与对话框中三个选项的含义。 　IF 函数的功能：根据给定条件进行判断。 　IF 函数对话框三个选项框的含义。 　利用数轴与流程图的形式引领学生学会将实际问题转换为 IF 函数。 　关键点 1：条件的设定。 　平均温度 >43℃（引用平均温度所在的单元格地址）。 　关键点 2：返回值的设定	学生演示分析室内温度是否有害的过程。（2 名同学） 　与老师一起总结 IF 函数的功能与对话框中三个选项的含义	培养学生总结、归纳能力

续表

教学环节	教学内容（教师活动）	学生活动	指导学法培养思维
由易到难 再上台阶	利用多媒体教学系统演示讲解将多层条件判断转换为 IF 函数的过程。继续以数轴、流程图的形式演示条件的设定过程	学生认真倾听老师的讲解，认真观察老师的演示操作	示范演示，培养工程思维
自我评价 归纳总结	引领学生，归纳总结 IF 函数的功能以及将专业知识中的判断问题转换为 IF 函数的方法，师生共同讨论利用 IF 函数完成数据分析需要注意的事项	学生利用学习过程自我评价表完成自我评价。 学生根据老师提出的 3 个问题进行归纳总结	问题指导，培养逻辑思维能力
体验探索 知识延伸	思考探索：利用 Excel 条件格式的功能，完善数据表格，对数据表格根据专业知识进行格式设置	学生将在课后思考如何完成课后练习与思考，带着问题进入下一节课的学习	知识延伸，培养创新思维

案例 5 评析

　　IF 函数教学本来比较枯燥乏味，教师结合专业与实际问题相联系，使学生愿意学，而且是在不知不觉中学会了，教学目标顺利达成。这种设计有以下优点。

　　1. 符合学生的认知结构

　　老师根据学生的知识水平与学习习惯创设贴近职业的活动，使 IF 语句新知识的出现自然、合理，学生不会觉得为了学习而学习，而是觉得学习是有意义的，学习目标是非常明确的。同时，也是有基础、有能力去掌握它并运用它来解决问题，反过来促进学生进一步学习的自信心和学习能力的提高。利用数轴与流程图的形式引领学生学会将实际问题转换为 IF 函数。化难为简，符合学生认知规律。

　　2. "任务驱动"与实际应用相结合

　　所创设的问题，来源于制冷专业的数据，是学生现实生活中的实际问题，这给学生提供了一个运用所学知识解决实际问题的机会，缩短了知识与应用之间的距离。当学生看到他们的学习成果能解决实际生活中的问题时，学生的积极性被调动起来，他们主动学习利用 IF 函数完成数据分析。这有助于加深学生对知识的理解及迁移应用。

"教"与"学"的关系图：

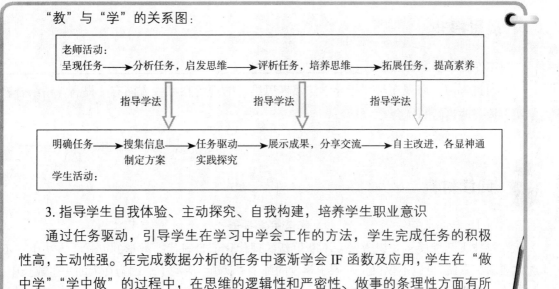

3. 指导学生自我体验、主动探究、自我构建，培养学生职业意识

通过任务驱动，引导学生在学习中学会工作的方法，学生完成任务的积极性高，主动性强。在完成数据分析的任务中逐渐学会 IF 函数及应用，学生在"做中学""学中做"的过程中，在思维的逻辑性和严密性、做事的条理性方面有所提升。培养学生职业素养。

能力训练

1. 指导学法培养思维的含义。

步骤 1 请根据自己的理解，结合教学实践，以小组为单位给出指导学法培养思维的含义。

步骤 2 全班交流讨论，最后形成一个大家认可的含义。

2. 学法指导的主要方式。

3. 选择您任教专业课中一个内容，写出您是怎样进行学法指导的设计方案。

反思提升

1. 本专题的学习要点是：＿＿＿＿＿＿＿＿＿＿＿＿＿＿＿＿＿＿＿＿＿＿＿＿。

2. 通过学习，您现在对"指导学法培养思维"的理解在哪些方面有了提高？请结合教学实例谈一谈自己的体会。

3. 您对我们的宝贵建议是：＿＿＿＿＿＿＿＿＿＿＿＿＿＿＿＿＿＿＿＿＿＿＿。

 阅读材料

浅谈学法指导

在科技飞跃发展、知识激增、不断更新的现代化信息时代，教学的方式、方法也在不断地更新和发展，再也不仅仅是局限于学校的师生"双边"活动了。因为在人的一生成长中，教与学这种"双边"活动不可能一直陪伴终身。一个人在校的最长学习时间不过20多年，进入社会后光靠运用已学知识解决问题是远远不够的，必须靠不断地自学去获取新的知识以适应生产、生活、工作、学习等各方面的需要。因此，教学的根本目的，不仅仅是传授知识，不只是把学生教懂，而是要把学生教会，教会学生怎样自己去获取知识，真正实现"教是为了不教"的目的。

要真正实现"教是为了不教"的目的，我们不仅要加强教法的研究，更重要的是要重视学法的研究，加强学法指导，教会学生学习。

学法，即学生科学的学习方法（可以是自己总结的，也可以是借鉴别人成功的经验）。学法指导，是指教师根据学生身心发展特点、认知规律，指导学生怎样采取科学的学习方法去学习。学法指导是素质教育的重要组成部分，也是全国的一个重要科研课题。它的基本思想就是教会学生学习，通过老师对学生的学习方法指导，让学生掌握基本的、科学的、适用的学习方法，由听懂知识到学会知识，由学会知识到会学习知识，由老师教会知识逐步过渡到不要老师教而自己学会知识。

那么，怎样加强学法指导呢？本文就笔者在多年初中教学实践中的一些体会谈点浅见和大家探讨。笔者认为，学法指导应从习惯培养、兴趣培养、读书的方法、听课笔记的方法、探索问题的方法、掌握课堂结构、优化学习环节、因材施教等诸方面进行。

一、培养良好的学习习惯

习惯，是人们在一定情况下自动地去进行某些活动的特殊倾向。它具有稳定性，一旦形成，便可成为人的自觉行为，不需要任何外界压力，也不需要意志努力，更不需要人的提醒和监督。这就是常言说的"习惯成自然"。因此，培养学生良好的学习习惯，对学生成才，事业的成功将起着至关重要的作用，甚至是决定性的作用。学生良好的学习习惯，完全依赖于教师在教学中的培养和训练。教育家叶圣陶说过："教育就是习惯的培养"。从学生刚进入初中起，我们一方面要对学生进行良好品德和行为规范的教育；另一方面培养学生端正的学习态度，发奋上进、刻苦钻研的精神；教给学生科学的学习方法，并加以严格训练，使学生认真作业、仔细检查、规范书写；教师坚持以身示范，教会学生发现、提出、分析、思考、解决、探索问题等多种方法，并逐步熟练掌握，形成习惯，使学生随时随地都能灵活自如地运用，终身受益。

二、培养学生兴趣

人的自觉行为往往是由兴趣引起的。一般情况下，人对某件事情感兴趣才会主动去做。学生对某门学科产生爱好、兴趣，学生就会主动地努力去钻研，想方设法克服重重困难把它学好。学生的兴趣和爱好离不开教师高超的教学艺术感召和教师的引导、培养。授课时，能深入浅出、理论联系实际、恰如其分地把所学知识与实际生活、工作、学习、运用等联系起来，使学生充分认识到掌握这方面知识的重要性、必要性，学生自然会想方设法把它学好。学生在一次次学习成功的喜悦中会逐渐培养起对该学科知识的兴趣。同时，还要经常开展专题讲座、成果报告、科技动态、知识竞赛、演讲比赛、业余创作、作品展览等形式多样的具有科学性、趣味性、教育性和吸引力、凝聚力极强的活动，激发了学生的求知欲望和学习兴趣，变"要我学"为"我要学"。

三、教会学生读书的方法

书是学生获取知识的根本。因此，教师要教育学生重视教科书，会读、会使用教科书，以数学学科为例，教会学生使用数学教科书应做到以下几点。

1．课堂教学中给学生作出示范性阅读

（1）理解课本标题，围绕标题了解课本中心内容。

（2）细读课本中的基本概念，明确其本质属性（即内涵）和适用范围（即外延）。对表达概念的文字作深入的推敲。例如，"弧相等"和"弧长相等"两个概念，仅一字之差，意义全非。

（3）正确阅读定理，分清定理条件和结论，弄清证明思路和方法，熟知定理条件在定理证明中的作用。会联系实际应用定理。对类似定理进行分析、对比，准确掌握。研究定理是否可以推广，定理条件变化时，结论将发生怎样的变化等。

（4）弄清楚课本中公式的适用范围，掌握公式的特征和推导方法、公式间的内在联系。

（5）紧扣课本内容理解例题的示范性和典型性，提炼例题的解法，寻求例、习题的多种解法，分析最优解法。必要时，亲自动笔把课本中因节省篇幅而省略掉的步骤补充出来，以便顺利理解。仔细阅读课本中的注释，认真观察插图，分析图形是否合理，能否起到数形结合的作用。

2．指导学生课前预习和课后阅读

（1）课前老师要根据本节课教材内容的目标、重点、难点，提出几个问题，教会学生怎样带着问题有目的、有计划、有次序地去自学课本；在教材中去找自学目标、重点、难点、关键；如何去发现问题，怎样查阅资料去解决发现的问题；如何在书上做眉批和做读书笔记；如何在读后去做课本中的练习题。

（2）教会学生怎样在课后精读课本，抓住核心，最好能把知识之间的内在联系整理成醒目的图表，以便掌握。

3．帮助学生介绍、选择优秀的课外读物

使学生通过课外阅读，保持和提高阅读兴趣，开拓思路，加深对课本内容的理解。

四、教会学生听课、记笔记的方法

要求学生听课精力要集中，思维始终跟着老师讲课的思维运转，真正理解和掌握各种数学结论的推导方法。同时，教会学生怎样做听课笔记，记下课堂内容的重点和老师做的必要补充。另外，老师还要教会学生自己注意探索、借鉴、总结好的学习方法。

五、教会学生动脑筋探索问题的方法

（1）教会学生多做讨论性的题目，培养灵活思维、创造思维和全面分析问题、解决问题的能力。

（2）教会学生做发展性题目，让学生思维向纵深方向发展，培养举一反三的能力。

（3）教会学生如何通过自己的思维活动去理解教材，对老师所讲问题多问几个"为什么"，不要停留在老师讲的某一点上，要大胆设想，敢于创新。

（4）要经常对学生进行思维基本功训练。把具体事物抽象化，抽象事物形象化，熟练掌握数学中的转化思想。在教学中，有目的、有计划地逐步渗透各种数学思想方法，使学生牢固掌握并灵活自如地运用。

（5）教会学生对所学知识能进行横向比较，辨别异同，纵向联系，理清脉络，使个别知识条理化、系统化，在学习过程中，使学生的能力沿着知识的阶梯逐步提高。

六、指导学生掌握课堂教学结构

不同的教师，教学方法、课堂结构安排处理各有自己的特点，因此，每个老师在接受新班时，都应把自己上课的课堂结构让学生了解，以便师生很快互相配合，顺利完成每堂课的教学任务，使师生双方达到理想的效果。

七、优化学习环节，因材施教

做任何一件事情都要有一个过程，在这个过程中各个环节怎么做，先做什么，后做什么，直接影响完成这件事情的效率和质量，学生的学习过程更是如此。因此，加强学习环节的正确指导，使学习科学、合理、优化，也是学法指导的重要一环。学习的环节一般应包括计划、预习、查资料、上课、练习、复习巩固、作业、课外活动、自测、考试、课外阅读等。每一个环节的操作方法，教师都必须进行指导，渗透到教学过程中，让学生逐步体会、领悟，从而掌握好各个环节，并能灵活支配各个环节，真正达到整个学习高效、低耗、优质。

八、交流，努力提高学习效率

加强交流与合作，是新课程提出的一种重要的思想方法，也是现代竞争社会对我们的要求。集体的力量总是大于个体的力量，集体的智慧远远超过个体的智慧。学生的学习也不例外。随着科学技术的发展，知识领域不断扩大，知识更新周期越来越短，人们只靠个体难以适应知识的急剧变化，必须随时加强合作交流，通过集体研究、探讨、探索，才能克服重重困难，提高学习效率、工作效率。所以，作为教师，一定要教导学生合作交流的方式方法，培养和增强学生的协作精神、合作交流的能力，以适应不断发展的社会要求。

总而言之，学法指导对每个教师来说也是一个系统工程，要渗透在教学的全过程中，要针对不同课型特点，不同学科特点，不同学生特点，不同学习阶段特点，有的放矢地、有效地进行指导，持之以恒，一定能收到满意的效果。

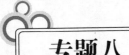

专题八　反思评价改进教学

学习目标

理解：什么是教学反思？教学反思的作用。

学会：教学反思的方法。

掌握：教学反思评价的关键要素。

运用：能够结合教学实践活动进行反思，总结改进教学效果提升教学能力的建议。

问题的提出

反思评价教学是教师专业成长的重要途径之一，是提升教师课堂教学实践能力的关键。请您认真思考在日常教学活动中，您是如何做好反思评价教学的？有哪些好的经验可以分享？

◆调查内容

您对反思评价教学活动的看法有哪些？请完成下面的调研活动。

1. 学校要求每次教学活动结束后都要填写教学反思，下列哪些看法您认可？

A. 这样要求对改进教学很有必要

B. 应该不用每次都写，有特殊的感受时写写就行

C. 无所谓，学校怎么要求就怎么做

您的看法是：_____。

您的补充是：_____。

2. 您认为反思教学，应该反思的是哪些内容？

A. 对教学观念正确与否的反思

B. 对教学目标适用性的反思

C. 对教学实施效果的反思

D. 对学生评价反馈的反思

您的看法是：_____。

您的补充是：_____。

3. 对教学反思评价您更看重是来自哪些方面的建议？

A. 教学专家、名师的建议

B. 同行的建议

C. 学生的建议

D. 自我思考

E. 其他

您的看法是：_____。

您的补充是：_____。

4. 您经常采用的自我反思评价教学的方法有哪些？

A. 课堂实录法

B. 日记法

C. 调查问卷法

D. 实践法

您的看法是：_____。

您的补充是：_____。

5. 反思评价改进教学取得的效果，您看重的是那种反馈情况？

A. 教学效果得到专家和同行的认可

B. 教学效果得到学生的认可，您的课堂教学学生越来越欢迎

C. 对教学效果自己感觉良好

D. 同行都愿意去听您的课

您的看法是：_____。

您的补充是：_____。

◆分组讨论

在您的教学反思中，您印象最深的一次（或者改进效果最好的一次），请和大家分享一下。

◆自主案例分析

请看下面的案例，谈谈您的看法。

案例1

案例描述：某节会计课，老师提问会计等式是什么？当某个学生回答出"资产＝负债＋所有者权益""收入－费用＝利润"的答案后，教师不是简单的评价对错后就进入到下一个学习环节，而是对全体同学说：我们把他说的等式写在黑板上，下面请大家讨

论一下，这个等式还可以如何转换，等式说明了资金运动、资金来源之间的哪些关系？通过教师的引导，学生分析出六大会计要素之间的数量关系："资产＝负债＋所有者权益＋收入－费用"，得出一个企业的资产和权益，实际上是同一资金的两个不同方面，是从资金的占用形式和来源两个不同角度观察和分析的结果，六个要素分别从静态和动态两个方面反映企业的资金运动情况。

案例1评析

　　教师把学生口头回答的内容呈现在黑板上，第一，教师用行动对学生的学习效果给予了肯定，比直接在全班面前口头表扬更有震撼力；第二，教师巧妙地利用学生的答案引导学生对问题进行深入思考，自然地引入到新课学习环节，调动了学生深入探究学习内容的积极性；第三，让学生合作完成对知识的总结归纳，再次让学生感受到自己学习能力的强大，激励了学生在学习中的自信心。这个貌似看来简单的教学活动设计，其实是教师精心准备设计的结果，是教师以学生为主体教学的理念真正落实在课堂实践中。教师以"学生为中心"在课堂中充分调动学生参与学习活动的热情，比一句你回答的"非常正确"要有效得多。

　　案例分析：请您反思一下，您在课堂教学活动中是如何发挥学生的主体作用的？

案例2

　　案例背景：因学校工作安排，某教师新接了一个任教班级。因是第一次上课，老师在课上先和学生互动，了解学生目前的学习进度和学习基础，在教学活动实施过程中，教师会根据学生的学习能力适当地调控教学进度。

　　案例描述：教师的课后自我教学反思

　　（1）本次课能基本按照教学设计内容进行。

　　（2）实施有效的教学方法，学生组织活动及互动效果良好。

　　（3）基本上达到教学目标。

　　（4）因为是第一次给本班学生上课，对学生知识、技能深度了解不够，在教学内容推进上比设计的要慢，总结阶段时间短，只能留作课后作业。

　　（5）今后要多与学生沟通，在不断深入了解学生的情况下，进行教学设计。

案例分析:

1.从教学同伴的角度,您认为这位老师反思的优势和不足有哪些?

_____

2.通过这位教师的反思,您得到了哪些方面的启发?

_____

_____

 # 对"反思评价改进教学"能力要点解读

《北京市朝阳区职业高中专业教师教学能力检核标准》中对"反思评价改进教学"的检核标准见表8-1。

表8-1　"反思评价改进教学"的检核标准

能力要点	合 格	良 好	优 秀
反思评价改进教学	能够积累反思材料,并根据自己的反思和他人的评价改进教学	能够将自己的评价意见与他人进行有效交流,并对他人提出教学改进建议	能够对分析结果进行理论提升,并对教学提出系统的改进方案

一、什么是教学反思

1.教学反思

所谓教学反思,是指教师对教育教学实践的再认识、再思考,并以此来总结可以推广借鉴的经验,提炼能够改进提升的地方,清楚认识到教学中的问题,进一步提高教师的教育教学水平。教学反思不仅仅能帮助教师及时发现问题,最重要的是为教师今后教学寻找到更好的方式、方法,还能够帮助教师发现自身的优势,树立教学自信心。在教学方法、形式和内容迅猛发展变化的今天,教师应该做好对自己教学活动设计、实施、效果等各方面的观点,并得到越来越多人的认同。

2.教学反思与评价的关系

(1)教学反思与评价密不可分、相辅相成。

教师对教学活动只评不思,教学改进就会是空架子、走形式,只是表面上的热闹,像是无根之木只会枯槁;反之,只思不评,就会陷到自己的小圈子里,成长之路会越走越窄。评价是对反思的促进,可以帮助反思效果更好,反思是对评价的提升总结,为今后的教学实践提供更好的帮助。

(2)评价标准是教学反思的依据。

教学反思不是无依据进行的,要参照一定的标准和方式进行,这个就是教学评价标准。以科学的、规范的、具有先进理念的标准去评价教学活动,对评价结论进行有针对性的反思,才能帮助教师更快进步。依据评价标准对教学活动反思时,教师要明确评价标准是动态调整的，评价的内容和方式随着教学思想的变化而变化，依据评价标准进行反思时，这个评价标准必须是与时代发展同步的，这样的反思才能真正地促进教师的成长发展。

二、教学反思的作用

教学反思在我们日常教学活动中起到非常重要的作用。有人曾说过：写三年教案不如写好一年的教学反思，可见教学反思对教师专业成长所发挥的重要作用。反思让教师能回顾自己的教学历程，认真、正确的反思可以帮助教师发现教学中存在的问题，便于教学改进，调整今后的教学设计，让教学更适应学生的能力和素质的培养要求。

1. 积累教学经验的作用

教学反思是立足于教师的课堂教学实践活动，可以帮助教师对教学活动的设计、组织和实施进行深入的研究和分析，逐步积累教学实践经验，并可以将积累的经验应用在以后的课堂教学实践中，帮助自己在教学方面尽快成熟。例如，教师对课堂节奏如何把控，使课堂的学习氛围张弛有度，就需要教师对学生情况、大纲的要求、教材的内容、知识的重点、教学中出现的疑问等诸多方面都有深入的分析和了解，这些都要在不断地反思中积累经验。

2. 提升教学能力的作用

教学反思可以让教师在教学中不断地自我剖析或接受他人的指导，能够逐步对自己在课堂教学中的优势与不足更加清楚的认识，甚至对某种教学理念和方法得到转变，长此以往，教师的分析能力、观察能力、指导能力等各方面都会得到提升。通过教学反思可以帮助教师提高对课堂教学生成的观察和思考能力，促进教师提高分析、判断和应对处理课堂实践中出现问题的能力，提高对课堂教学的把控能力。

3. 激发教学改革创新作用

教学反思可以帮助教师开阔视野，接触到更多、更先进的教学手段和理念，通过反思可以促进教师多维度、多策略的对教学改革进行分析和思考，为教师的教学改革提供思路。例如，对信息化手段的应用能力提升的推进进程中，当教师反思课堂评价如何才能及时、科学、准确时，就会主动思考可以借助哪些信息化手段，积极尝试各种信息化软件，直至真正达到提升教学效果的目的。

4. 促进科研能力提升作用

教学反思重在问题研究，在研究的过程中对遇到的问题教师需加强各方面的学习提高认识，同时，在经验积累的基础上，教师对反思评价往往会形成自己的感悟和体会，把经验体会上升到一种教学规律，形成自己的观点并得到大家共识。通过论文或课题研究的形式，最终物化上升为值得大家借鉴和推广的一种观念，在反思中总结，在总结中实践，在实践中研究，在研究中提升。

三、教学反思的关键要素

根据《北京市朝阳区职业高中专业教师教学能力检核标准》中对"反思评价改进教学"

的检核标准，确定教学反思评价的关键要素见表 8-2。

表 8-2　教学反思评价的关键要素

能力要点	关键要素
教学反思评价	1. 明确教学反思的依据 2. 掌握教学反思的内容 3. 学会教学反思的方法 4. 能够通过教学反思评价进行教学观念和教学行为的修正

教师在进行教学反思中应对反思依据要有清楚的了解，无论是对教学的优势反思或对教学不足的反思应该明确，教师在教学活动中为什么会有这样的差异，如何反思优势与不足。教师反思评价的途径和方法很多，总的来说，主要是个人反思、同伴互助、专家指导等，目的都是帮助教师在教学理念、职业素养、专业技能等方面得到提高。

1. 教学反思的依据

（1）依据教学理念反思。

教学理念是教师教学的灵魂，是进行教学反思的核心依据。应用什么样的教学理念，就会呈现出不同的教学效果。新课改提出的以学生为主体的教学理念，课堂教学活动要围绕以工作过程为导向开展，那么教师在反思时应首先对理念是否正确合理进行反思。

（2）依据评价标准反思。

教学评价标准是教师进行教学反思的科学依据，一套科学合理的评价标准可以帮助教师明确反思的角度和重点，对照标准可以清楚地把握教学活动的优势与不足，可以更准确的评价反思效果。例如，在《2016 年北京市中等职业学校课堂教学现状调研》评价表中，教学设计的权重为 25%，教学实施的权重为 40%，学习效果的权重为 35%。在教学设计的评价标准里又分成四个方面：教学目标设计占 5%，教学内容设计占 5%，教学策略设计占 10%，学习资源设计占 5%。根据这个教学评价标准，教师可以有重点地进行反思，而且也可以准确把握反思的维度，让反思更贴近学生成长的要求，贴近教学改革要求。另外，从本次评价标准增加了特色创新的权重为 10%，教师反思中也应该考虑到教学模式或教学手段的创新对提升教学效果、培养学生综合能力的作用，也可以看出评价对反思的导向作用。

（3）依据他人的评价反思。

虚心借鉴他人的建议，认真吸取别人好的做法，是教学反思的基本依据。他人评价可以包括教师之间的互评、专家的评价、学生的评价、企业的评价等。古人讲"他山之石可以攻玉""三人行必有我师""师不必贤于弟子"等，教师在听取他人的评价意见时要有一个正确的认识，对教师的互评反思和专家的评价反思可以弥补教师自身在教学思想、自身素质、业务水平方面的认知不足，可以通过集体的智慧，扩大教师反思的范围，提高反思质量，把握正确的反思角度。对学生评价的反思可以帮助教师更多地以学生的视角出发，更好地了解学生的特点和学习方式，提高教学效果，促进教学质量的提升。企业评价可以帮助教师更好地对接企业不断变化的业务活动内容和方式，及时把握行业用人需求和标准，不断调整教学改革的方向。

2.教学反思的内容

教学反思的内容应该涵盖教学活动的每个环节，具体包括以下几项：

（1）教学理念的正确性。

正确的教学理念是教学活动有效开展的保证，反思教学理念时，教师首先应思考教学活动的开展是否以学生为主体，是否正确理解和把握了前沿的教学理念。教学理念的反思可以帮助教师在教学观上进行变革，也可以有效提升教师的理论水平。例如，理实一体教学模式的改革要以理实一体的理论研究为背景，在教学设计中才能真正体现学习任务与岗位工作任务对接。又例如，合作学习的方式，教师要反思在合作学习方式上怎样才能发挥好小组成员的作用，如何进行任务分工与合作，对小组合作的效果关注度如何，如何进行小组合作学习的评价等。教师要对多种的学习方式进行深入思考。在理论的基础上反思，可以有效帮助教师找到问题的根源，让教师能从最深层次去思考。

（2）从教学内容选取的依据和必要性。

教学内容选取首先应依据教材但也不拘泥于教材，职业教育的教学内容更多的应该与岗位工作内容对接，教学内容的选取应贴近岗位工作的真实任务。

例如，教师对教学内容选取依据与必要性反思的案例：本节课的授课对象是某职业学校会计专业高三2班的学生，学生已初步了解《市场营销基础》课程的基本概念，但理论知识应用训练较少，尚未形成营销知识体系，也难以通过自我学习将理论知识转化为实操技能。对此，本课调整教材编排顺序，选取课程中最贴近学生工作和生活实际的部分组织专题教学。以点带面，立足思维训练，帮助学生快速完成知识到能力的转化。——本案例节选陈清老师提供的《促销策略的运用——挖掘潜在需求》课后反思案例。

案例评析：本案例中教师依据学生的学习基础和知识体系构成情况选取教学内容，同时，依据贴近岗位、贴近生活的教学理念，对教材的内容进行整合。反思内容具体，理念清晰。

（3）教学目标完成的达成度。

教学目标达成度反思应根据课堂教学效果情况反馈了解目标的达成情况，是教师改进调整以后教学活动和内容的依据。

例如下面这个例子，老师依据职业能力的要求，结合学生基本情况预设的三维教学目标体系是，知识目标：能够简要陈述顾客需求与市场的关系；能够准确描述有效需求、现实需求、潜在需求的差别。能力目标：能够对指定商品设计促销草案，实现挖掘潜在需求的目的。能够小组交流合作，优化并解读方案核心理念。情感态度价值观：能够从典型事例中感受积极的工作情绪，能够在突破定势思维的研究过程中体验创意对工作的价值。

教师在课后进行了教学目标达成效果的反思：依据学生学习过程记录和学习结果测评，

结合教师课堂观察，本节课全班学生均能达到知识目标，但是熟练和准确程度存在差异；能力目标1的达成度为100%，对能力目标2，100%的同学都能参加小组交流合作，但是在完善方案和解读方案方面存在显著差异，只有15名学生（占75%）能够贡献符合目标要求的方案，课堂上有12名学生（占60%）能够清晰说明方案体现的促销理念。学生在学习过程中兴趣盎然，精力集中，能够被学习素材积极感染，交流、体验比较充分，情感态度价值观落实情况良好。总体而言，本节课目标达成度较高，学生在学习过程中参与的广度、思考的深度和学习积极主动性较高，专业知识能力提升效果明显。——本案例节选陈清老师提供的《促销策略的运用——挖掘潜在需求》课后反思案例。

案例评析：教师在制定教学目标时充分分析了学生的情况及岗位职业要求，因此，目标的制定符合学生认知特点和教学要求，目标具体、可操作性强，在反思时教师能依据课堂反馈情况，用数据分析学生的学习效果和学习能力，说服力强，依据充分。可以有效说明教学目标达成的效果良好。

（4）教学重点、难点确定的合理性。

教师对教学重点、难点确定是否合理的反思，应从以下几个角度进行：第一，要符合教学目标的要求，教学目标达成是课堂教学最终要完成的任务，教学的重点、难点应该来源于教学目标的达成度，脱离了教学目标，教学重点、难点会成为无水之源；第二，反思教学重点、难点是否合理要充分考虑学生的学习能力和认知特点，要做到实事求是，首先了解教学对象的情况；不同的班级、不同性格的学生对教学重难点的确定有很多影响，只有充分了解了学生的学习能力，才能把握教学重点、难点确定的合理性；第三，教学重点、难点的确定还要考虑教学内容是抽象的还是比较具体形象的，是理论性强的还是操作性强的，这些都会影响教学重点、难点确定的合理性。

（5）教学实施环节的衔接性与紧密性。

课堂教学效果良好与否，很多情况下取决于课堂教学各个环节的衔接是否流畅。新课导入是课堂教学活动衔接的第一个阶段，教师可以在短、精、新等方面进行以下的反思："短"是导入环节时间要求不能过长，一般以3~5分钟为宜；"精"是教师要精心准备，如何导，导什么？导入的活动和安排直接影响后面的教学活动的进行和教学内容的完成效果；"新"是教师在导入环节的形式设计上要不断开发新的形式，让学生在学习的起始阶段就能被吸引，激发学习的热情，为学习新课阶段做好铺垫。

（6）教学方法运用的恰当性。

教学方法多种多样，而恰当运用是关键。在教学方法反思时，应体现是否发挥了学生的主体作用，调动了学生参与学习活动的热情，教学方法运用是否提高学生参与教学活动的广度和深度，提高了学生的学习效果。

请看下面的案例，教师是如何反思教学方法的。针对本班学生学习思维活跃、乐于主动分享的特点，本节课充分尊重学生已有的知识、经验和能力，所有环节都基于学生的课堂反馈情况而展开，所有理论知识也融合在案例和学生活动过程中进行阐述。本课整体采用任务驱动法进行教学，主体教学可分为"案例导入、布置和分析任务、实施任务、任务反馈与评价"四部分。借用典型案例复习相关知识并聚焦问题，导入新课，在具体任务驱动的过程中，辅以典型视频帮助学生分析问题，攻克难点，为学生提供可自由选择的同质性任务，增强学生的能动性。组织学生用独立思考与小组合作的方式完成任务，即给学生自我探究的空间，也提供了合作交流的机会，学生思维积极活跃，教学过程推进顺利，达到了预期目的。

本课特别注重于无声处开展学法教育，通过课件上各学习阶段文字的暗示，指引学生将学习分为"学点知识、想个问题、做个尝试、受点启发、选择团队、努力工作、交流分享"7个环节，让学生体验到理论知识在技能中的重要性，主动思考和探究在学习过程中的意义，也让学生体验到观察、记录在学习中的重要作用。——本案例节选陈清老师提供的《促销策略的运用——挖掘潜在需求》课后反思案例。

案例评析：通过老师的反思可以看出教学方法的运用是基于学生的学习特点而来，运用任务驱动法在学生互助合作的基础上，积极采用调动激发学生探究学习的方式，锻炼学生思维，增进学生的学习能力，达到了很好的学习效果。

（7）信息化手段应用的有效性。

信息化教学手段应用的有效性反思，教师应重点基于信息化手段在课堂教学中是否发挥了应有的作用。信息化应为达成教学目标服务，在提高了直观性和趣味性的同时，更应反思是否起到了锻炼学生观察、思考、分析的能力，要反思信息化手段是否提高了课堂教学效率。

（8）课堂生成把握和处理的巧妙与及时性。

课堂生成的问题处理得好，也可以成为一节课中的亮点。教师应反思是否及时把握住课堂生成，能够解决在教学设计安排之外课堂中出现的问题。常常是有些时候教师在课堂上因关注教学活动而忽视了课堂上学生出现的问题。

课堂生成的问题一般是由学生认真思考引发的，教师在处理课堂生成时要灵活和巧妙，例如，当学生提出在教师设计活动之外的问题时，如果老师知道问题的答案也最好不要直接解答，可以鼓励其他学生提出看法和建议，如果老师不知道答案也应该为学生提出解决问题的方法或提供资源，并在以后的教学活动中给予解决。

（9）评价反馈的公平与准确性。

课堂评价反馈是教学活动的重要内容，教师反思评价的公平与准确，可以从评价是否关注到每一个学生，是否尊重每一个学生学习活动成果，评价是否关注到学生自身存在的差异性，评价是否实事求是等角度进行。

（10）教学时间把控的协调性。

以一节45分钟的课堂教学为例，教师对教学时间的把控非常重要，反思时应从心理学的角度考虑是否符合学生学习的心理特征（一般情况下，学生思维的最佳时间是上课后的5~20分钟），教师是否合理的调控时间在学生最佳的思维时间里完成学习的重、难点内容，在后续学习的疲劳时间里，教师要引导学生转变学习方式，把后续的学习时间划分成合理的学习单元，通过自主探究、游戏活动等方式不断调整、延续学生学习注意力，延长学生学习兴奋点的时间。

教师在教学反思时，可以先有针对性地对某一项内容进行深入的反思，寻求先在某一点进行突破，进而再进行全面的反思，达到最终全面提升教学效果的目的。

案例：请根据下面的教学评价，分析如果您是被评价的教师，您应该在哪些方面进行反思？

某节金融专业课后，专家对教学实施过程进行了评价，主要建议是：教学活动采用任务驱动方式，以小组合作学习方法突出学生学习的自主探究、合作意识的培养。在学生分组时要考虑学生之间的差异性，如何分组要仔细研究。目前分成六个小组，教学组织实施管理能力要加强，组间的学习任务差异不要太大，教师要加强对课堂中学生学习情况的把控，在职业素养养成方面要注意严谨、符合职业规范。对出现的学习共性问题要注意归纳和引导学生解决，运用自己制作的信息化教学资源很好地调动学生的积极性。在大堂引导员业务操作训练活动中，要注意虽然经济活动不同，但操作流程相同，关键要帮助学生掌握操作规定，做到职业行为不违规。

从专家的评价反馈中，请您列举应该从哪些方面反思？

3. 教学反思的方法

教师可以根据自己的习惯或借鉴他人的做法进行教学反思，日常工作中常用的方法有以下几项：

（1）日记法。

日记法是常用的一种反思评价的方法，顾名思义就是像写日记一样，一般是每次课后，将本次课的反思记录在教案或教学设计上。日记法的教学反思一般记录及时，关注细节，自我反思评价较多，但也可以对课堂中发现的重要问题和同伴进行共同反思交流。与日记法相类似的还有反思随笔法，也是教师将在教学中体会感悟最多最清晰的随时记录下来，虽然不用每次课后都进行记录，但记录下来的应该都是对反思教学活动中最有触动的地方，一般在教案中的课后反思一栏中体现。

（2）研讨法。

研讨法是取他人所长补己之短，是教学反思的常用策略。教学反思最重要的是要跳出"自我"，善于吸纳他人建议，乐于向他人学习。大多数教学反思是集体在一起交流探讨，大家对教学活动效果会各抒己见，思想会发生很多的碰撞，有与自己意见相同的看法，有与自己意见不同的想法，有自己没有发现的优势与不足。通过相互研讨，可以让反思评价改进教学的效果更明显。与同伴或专家一起进行的研讨一般有一个明确的主题，可以在教学设计阶段进行，也可以在教学观摩活动后开展。大家对教学活动中的问题共同进行研究和探讨，共同研究制定改进的思路和方法，最终应对反思的结果达成一致。与学生一起研讨，更多的是问答式的交流，教师应与学生对教学的方法、学生学习的感受、学生对知识接受的程度等方面交流。教师反思是为后续教学活动做好教学设计及实施方案奠定基础。

（3）实践法。

实践法是根据教学反思的自我感受和他人的启发，完善教学设计后再次进行实践操作，通过实践—认识—再实践—再认识的循环过程，在这种螺旋上升的过程中，教师在不断的实践中完善教学设计、提高课堂调控水平。在实践法中，教师将反思的结论在实践中进行试验研究，通常是采用同课异构、再次试讲等，逐步在实践中解决发现的问题，帮助教师在教学能力上得到逐步提升。

（4）经验总结法。

经验总结法是教师根据教学反思评价的体会和感悟，有针对性地对教育教学理论学习提高认识的条件下，形成自身的看法和见解，分析教学规律和形成教学理念、可供他人学习参考的教学经验，如撰写教学案例和论文、进行课题研究、主题报告等。

（5）课堂实录。

教师可以借助信息化手段对自己或他人的教学活动进行细致的观察和学习，能更加充分地帮助教师对教学设计实施活动进行反思总结。

（6）调研问卷。

调查问卷可以帮助教师有针对性地进行反思，教师可以通过设计调研问题有目的地收集信息，便于有目的地开展教学反思。例如，教师想了解信息化手段在课堂教学实施中的作用，那么教师可就这个反思目的设计问卷采集数据信息。

案例：某教师在反思"岗位角色"教学方法时设计的问卷（节选）

1.在老师使用理实一体化教学过程中，针对实操训练，你喜欢老师使用分岗位角色进行教学吗？为什么？（　　）

A.非常喜欢

B.有点兴趣

C.不喜欢

D.无所谓

2.采用岗位角色进行实操训练时，你愿意承担以下哪些角色？（　　）

A.单证任务处理较多的角色

B.专业技能要求较高的角色

C.需要协调能力较强的角色

D.任务要求较低的角色

案例评析：通过这种不记名的问卷调查反馈的信息帮助教师能更准确了解教学对象的感受，可以更好地改进教学方法。

（7）评价量表。

教学评价表是通过对评价内容和标准进行系统科学设计，全面反映教师课堂教师效果的一种常见的载体，可以通过诸多量化指标详细地帮助教师进行全面的分析，通过反思评价了解自己在教学中的优势与不足。

案例：请您阅读下面节选的评价标准（表8-3），对照自己的一个课堂教学实录反思教学实施活动有哪些优势与不足？

表8-3　2016年北京市中等职业学校课堂教学现状调研听课用表（专业课）节选

一级指标		评价要点	分值	得分
教学实施（40分）	情境创设	1. 学习情境创设合理，能引发学生的学习兴趣，建立新旧知识联系，有利于合作或自主学习； 2. 载体恰当，体现完整的工程过程，有利于培养学生综合职业能力	5	
	组织强调	1. 理论与实践教学一体化，教、学、做、评合一； 2. 善于启发引导学生积极思考、乐于实践，鼓励学生提出见解和质疑，提高教、学、做、评的效果； 3. 有效组织学生开展独立学习和小组合作学习，适时引导、及时咨询、科学掌控，始终体现以学生为主体； 4. 能根据反馈信息对教学进程、难度进行适当调整，合理处理临时出现的各种情况； 5. 教学环节把控合理，能突出重点、突破难点，教学密度适中，时间分配合理	15	
	学习指导	1. 准确把握学情，面向全体、关注个体，分层指导； 2. 给学生提供自我建构、自我体验、主动探究时间与空间； 3. 注重创新意识和能力培养； 4. 重视对学生职业意识的渗透和职业行为养成的指导	5	
	考核评价	1. 评价内容与职业标准对接； 2. 有效开展学习评价，合理运用过程评价与成果评价，指导学生提高总结、反思和评价能力； 3. 多主体、多形式的评价切实促进学生的发展	10	
	教师素养	1. 教学思路清晰、有条理，语言表达准确，符合教学要求和职业规范； 2. 能亲自操作示范，技术熟练、准确，对学生的指导到位； 3. 能及时处理应急事件，灵活驾驭课堂，调整课堂能力强； 4. 教态亲切自然，语言生动形象，教学风范好； 5. 现代教育技术运用适当、娴熟，板书清晰规范； 6. 教学严谨，目标达成意识强，教学改革有思路、有创新	5	

您的教学反思：_____。

案例分析

案例

反思课堂教学实践 改进教学实施效果

（本案例由北京市求实职业学校 邸晓旭提供）

案例背景： 教师通过实践法、研讨法等多种反思方法对《银行自助查询缴费机的操作》教学实施活动进行反思，教师通过每次的反思对教学实训活动都有新的改进。最初的教学设计，教师为了激发学习兴趣，采用让学生通过完成思维导图的方式，了解自助查询缴费机的操作流程，在教学实施活动中，教师根据课堂教学实施的实际效果，不断调整进行了如下的改进：

第一次实践反思，变繁为简。

教师根据班级人数（34人）设计了相同数量的思维导图题板，课上将题板随机发放给学生，并在黑板上绘制思维导图框架结构。学生针对自己以及相邻同学手上的题板进行分析，合理完成思维导图的填制（图8-1）。

实施效果反思： 学生学习的积极性很高，达到了全员参与的效果。但由于题板数量太多，增加了完成思维导图的难度，导致课堂的导入时间过长。影响后续的课堂环节实施，造成教学任务没有完成。主要对策：确定核心工作流程，把握工作要点，重复操作的内容去掉。

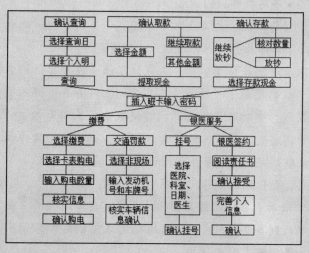

图8-1

第二次实践反思：改变学习方式。

通过思考减少了题板数量，将较常见的业务去掉（图8-2）。保留不同的操作流程业务，目的是缩短填图时间，降低任务难度。

实施效果反思，题板数量减少后，学生不能保证人手一个题板，但积极性仍在。讨论与分析的过程异常激烈，课堂秩序难以保证。主要对策：决定把学习方式改为小组合作法，通过合作学习的方式保证每个学生能参与教学活动，同时，将随机发放题板的方式改为按业务分类，每组完成一个特定的任务，保证了课堂教学的秩序。

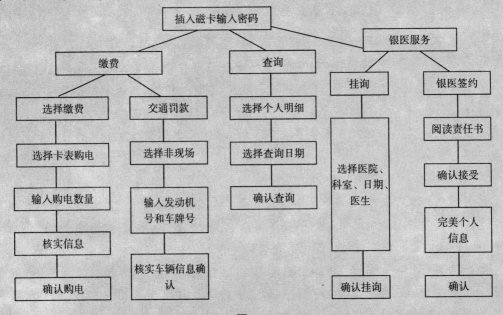

图 8-2

第三次实践反思，确定教学核心内容。

本次教学实施活动将班级分为 4 个学习小组，任务拆分为：购电、交通罚款、银医业务这三类，又添加了转账业务。保证每组一个任务。

实施反思：这次改进既降低了难度，又保证了课堂秩序。但问题接踵而来，因为业务存在差异，每个小组只思考了一种业务，而其他三种业务了解不够，组间存在认知的差异。经过实践还发现，自助缴费机具的操作流程业务基本是相似的，而不同的是引导员对相关业务规定的熟悉及准确掌握的程度，相关规定掌握了，操作机具才有意义，因此，核心内容是操作的法律规定，思维导图的设计应以此为依据。

第四次实践反思，简化操作流程，重在守法合规。

实践中发现教学活动中去掉思维导图，学生在实施学习任务（使用查询缴费机办理业务）时，很难准确找到类型，与我们的思维模式与自主机具操作顺序相反有关。

以智能卡购电业务为例（图 8-3）。

图 8-3

因此，考虑教学中思维导图的教学环节还是要保留，而要求是既要能为本节课的学习任务做支撑，又不会占用过多时间，在操作流程中还能突出重点，帮助学生了解相关业务的法律规定，但是学生动手参与活动少了，课堂气氛的活跃度受到了影响。

第五次实践反思，信息化助力提升课堂教学效果。

通过前面的教学实践活动，教师最终决定保留与岗位工作紧密度最有关的6个具体业务（查询余额、转账、交通罚款、购电、银医签约、银医挂号）进行学习。将思维导图填制缩减到只有8个空（图8-4），难度降低了，时间有了保证。借助信息化的手段将思维导图制作成了"对号入座"的小游戏，每位学生都能在平板上独立完成。解决了因任务分配不同导致的认知差异。另外，还设有3个业务终端的提示，这样的设计顺应了我们的思维模式，有助于学生理解记忆，激发了学生的学习热情。

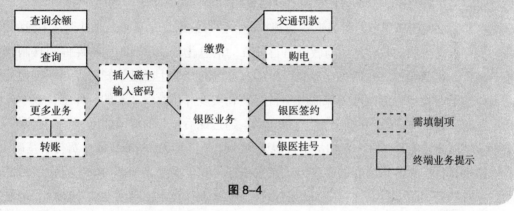

图8-4

案例评析

教师通过实践—反思—再实践—再反思的方式，对教学活动实施和教学手段的应用进行了多次改进。逐步明确了教学目标，根据学生的学习特点和教学的重难点不断简化掉重复的教学内容，让学习的效果达成度更高。通过改进小组合作的项目内容和要求，让学生的思维更活跃，强化了动手操作能力和对业务类型的归纳能力的训练。完善了信息化手段的应用，提高了学生的学习兴趣和课堂教学效率，同时，也促进了教师信息化应用水平能力的提升。

能力训练

1. 请根据您所任教班级学生情况和要完成的教学任务，对学生情况进行分析后，请确定教学目标后听取同行间的评价，进行修改，总结自己的体会。相关内容填制在表8-4中。

表 8-4　教学目标反思评价

项目名称	内　容
任教班级学情分析	
教学目标的确定	
同行的评价	
评价反思	
修改教学目标	

2.请您阅读下面一个教学反思的案例，参考其反思的内容，自己写一个教学反思。

阅读案例：在教学内容的选取上，教学设计体现了岗位真实任务，落实行业操作标准，与实践的工作岗位相结合，与真实的工作情景相对接，提升了学生的职业感。

在教学手段的应用上，学习形式新颖有趣，学习效果及时反馈，通过教学手段的设计，课堂上可以将现成的软件使用与教师自行开发的信息化教学手段（助学课件和自制教学视频）结合，将枯燥单一的训练任务变得生动有趣，符合学生心理认知特点，乐于接受。提高了课堂学习效率，应该可以保证教学目标顺利实现。在教学活动的延伸上，教学设计做到了技能训练延伸拓展、互动交流、有效激励。通过课后作业的成绩评比、经验交流的方式，激励学生提高技能，同时，增加学生技能训练的时间，可以为备战技能大赛打下基础。

但是设计中对重点内容的突破方式及效果还是预设不足，根据对学生日常学习状态的了解，有些学生自觉性高，抗挫折的能力强，在票据计算中出现问题会不放弃。但是对于主动性弱的学生如何调动克服困难的意识和积极性方法还欠缺，缺少解决预案设计。

自主分析：

请写一个自己教学的反思：

_____。

反思提升

1.本专题的学习要点是：_____。

2.通过学习，您现在对"评价反思改进教学"的认知是否有了提高？请结合自己的体会和大家进行交流。

3.对本节的学习内容您还有哪些建议：

_____。

阅读材料

反思：杜绝小组合作学习中的假合作

选自 2016 年 4 月 1 日《京师书院》微信公众号——高效课堂的十大假象解析

行为描述： 某初中英语课堂上，教师将学生分成 8 个小组，每小组 6 名学生。第一环节要求学生在导学案上写出一些短语的英文形式并大声朗读，学生分小组先写短语，然后各自朗读；第二个环节要求学生用英语介绍自己一天的作息情况，用第一人称手法写，动词用原形。学生分小组开始写，学生各写各的，2 分钟后，教师要求学生停下来，学生回到原位，有些学生还没有写完，教师开始点学生展示，期间学生没有任何合作学习的过程。

行为探析： 合作交流学习是学生个体打破独自学习的习惯，学会交往，学会合作，培养团队精神和竞争意识的有效方式。它作为对传统教学组织形式的一种突破和补充，已经被教师越来越广泛地运用于以学生发展为本的课堂教学之中，这也是高效课堂倡导的自主、探究与合作的学习方式，它促进了学生在教师指导下主动地、富有个性地学习。出现上述问题的原因是任课教师没有真正弄清楚小组合作学习的目的和操作要领。认为只要学生坐在一起就是合作学习，期间没有任何合作学习的过程。有些时候纯粹是为了合作而合作；有时候当学生还没有进入探究状态时，教师就叫学生迅速合作；有时候当学生正在进行激烈的思想交锋，正处于欲罢不能的探究状态时，教师突然叫停……常常成为高效课堂的装饰性教育，学生则成为教师运用新的教学思想、教学方式的道具。

行为策略： ①增强合作交流学习的意识。教师要认清楚合作交流学习的必要性。合作交流学习对改善课堂气氛和大面积提高学生的学业成绩起着重要的作用。对学生来说，应用合作交流学习，可以从同伴中迅速得到高质量的帮扶，缩短了反馈和矫正的时间，也就有更多的时间用于完成学习任务。②把握合作交流学习的契机。合作交流学习不只是一种外在的强迫，而且是一种内在的精神需要，因此在课堂教学中，组织合作交流学习要把握契机，精心设计合作交流学习的内容、要求、呈现的方式等等，一般出现下列情况时可运用合作交流学习的方式：一是出现了新知识，需要新能力；二是遇到大家都期盼解决的问题，而依靠个人能力又不易或不能解决时；三是学生意见不一致，且有争论时。③抓好合作交流学习的建设。"让每一位学生都学得好"，其内涵之一就是关怀每一个学生，保证每一个学生都得到应有的发展。在学习有困难的学生占大多数的班级上课，合作交流学习的意义显得尤为重要。在班级里通过合作使尽可能多的学生参与学习，他们的学习才可能有持续地进步。要实现合理高效的合作交流学习，还必须讲究合作策略：首先，要选择好小组长，一般是将悟性好且有责任心的同学分到各组担任组长，每组 6~8 人，好、中、差三个层次按 1：2：3 的比例配置学生，尽量做到"异组同质"。其次，对学习最差的几个学生酌情对待。能力差但有学习愿望的要分配到组长有爱心且成绩优秀的组里去，调皮的学生放在全班最有"权威"的同学任组长的组里去。最后，在组织合作交流学习过程中随时注意他们的动向，帮助他们解决问题，引导他们学会听取意见，接受好的方法。对于他们的点滴进步，老师要及时给予表扬和鼓励。

附录　北京市朝阳区教师教学基本能力检核标准

（试行稿）

2009 年 3 月 30 日

《北京市朝阳区教师教学基本能力检核标准》

维度	关键表现领域	能力要点	合　格	良　好	优　秀
教学设计能力	一、教学背景分析能力	（一）正确理解教材内容	能够分析教材所涉及的基本内容，并梳理出单元知识结构框架	能够准确描述知识的纵向与横向联系，并能将知识置于某一个知识或能力框架内进行解读	能够深入挖掘本单元知识在学生发展中的教育价值
		（二）实证分析学生情况	能够关注学生的学习基础，并分析出学生在新知识形成过程中可能遇到的困难	能够对学生的学习基础进行调研，并根据调研资料和数据分析出在新知识学习过程中可能遇到的认知困难	能够根据调研资料和数据，对学生在新知识形成过程中可能遇到的认知和情感上的困难进行理性分析
		（三）科学确定教学内容	能够根据课标要求和教材内容，确定教学重点与难点	能够根据课标要求、教材内容和学生的学习基础，确定教学重点与难点	能够根据课标要求、教材内容和学生的学习基础，整合教学内容
	二、教学目标制定能力	（四）清晰确定课时目标	能够依据教学内容和学生情况确定符合课标要求的教学目标	能够依据教材分析和学情分析确定符合课标要求的教学目标	能够依据教材分析和学情分析以及二者之间的密切联系确定符合课标要求的教学目标
		（五）科学表述三维目标	能够正确选择行为动词表述三维目标，逻辑严谨	能够恰当表述具有可操作性的三维目标	能够将三维目标进行有机整合，使其具有可测评性
	三、教学过程设计能力	（六）合理安排教学流程	能够安排符合知识逻辑的教学流程，教学重点突出，对时间安排有预设	能够安排兼顾知识逻辑和学生认知逻辑的教学流程，对时间安排的预设合理	能够安排具有开放性和生成空间的教学流程
		（七）有效设计教学活动	能够围绕教学目标设计教学活动，并能设计对教学活动完成情况的检测方案	能够围绕教学目标设计具有连贯性的教学活动，并能有针对性地设计对教学活动完成情况的检测方案	能够设计激发学生思维和情感的教学活动，并能对课堂可能生成的问题设计预案
		（八）灵活选择教学策略	能够根据教学目标和内容进行板书、提问、媒体演示和评价等教学手段的设计	能够根据教学目标和内容，利用小组合作等学习方式突出教学重点、突破教学难点	能够根据教学目标和内容，设计教学策略并灵活运用各种教学手段

《北京市朝阳区教师教学基本能力检核标准》

维 度	关 键 表现领域	能力要点	合 格	良 好	优 秀
教学实施能力	一、激发动机能力	（一）营造良好学习环境	能够营造整洁有序的教学环境，并以稳定的情绪和良好的状态进行教学	能够以稳妥的方式处理课堂中的突发事件	能够将课堂突发事件转化为教育契机
		（二）有效激发学习动机	能够运用教学技能呈现设计的教学活动，并吸引学生的注意力	能够根据课堂情况呈现设计的教学活动，并能激发学生的学习兴趣	能够灵活根据课堂情况呈现设计的教学活动，有效激发学生持久的学习动机
	二、信息传递能力	（三）教学语言精练生动	教学语言表达清楚，语速、音量适中，并能用体语加强信息传递效果	能够正确运用学科术语，教学语言准确、简练	教学语言生动形象，富有感染力
		（四）板书运用熟练巧妙	板书字体端正、大小适中，有一定书写速度	板书设计有整体性，突出重难点和知识间的联系，逻辑层次清晰	板书能够使学生有美的感受，并伴随课堂教学进程有生成性
		（五）教学媒体运用恰当	能够根据教学目标和内容选择运用教学媒体	能够根据教学目标和内容合理选择并恰当运用教学媒体	能够根据教学目标和内容合理改进并综合运用教学媒体
	三、提问追问能力	（六）恰当提问有效追问	能够根据教学设计适时进行课堂提问，问题本身和表述能让学生理解，减少自问自答、是非问答、集体回答等情况	能够根据学生情况选择恰当的对象进行提问，问题精当并有一定层次性，并能根据学生回答问题的情况进行灵活有效地追问	能够根据课堂上变化的学情及时调整提问内容和方式，重视培养学生的问题意识
	四、多向互动能力	（七）教学组织方式有效	能够根据学习需要和特定学情，组织同位交流、小组合作、全班讨论等活动	组织活动时能够掌握恰当分组、有效分工、控制时间等技能	能够调动每个学生参与活动的积极性，并对活动过程中出现的问题进行恰当处理
		（八）认真倾听及时反应	能够倾听学生的想法，与学生互动；鼓励学生大胆发言，并引导学生认真倾听同学发言	能够在倾听过程中随时与发言者交流自己的理解，促进师生互动，并系统地指导同学倾听	能够把课堂发言的评价权交给全班学生并进行适当指导，有效促进生生的真正互动

《北京市朝阳区教师教学基本能力检核标准》

维度	关键 表现领域	能力要点	合格	良好	优秀
教学实施能力	五、及时强化能力	（九） 强化重点 突破难点	能够运用重复、语言变化、板书强化教学重点	能够运用媒体、提问、体态语等多种方式，强化教学重点，突破教学难点	能够选择恰当时机，灵活运用多种手段，进行有效强化
		（十） 强化学生 积极表现	能够关注学生积极表现，并给予肯定	能够根据学生特点对其积极表现进行鼓励	能够通过对学生个体积极表现的强化，感染全体学生
	六、课堂调控能力	（十一） 合理调控 时间节奏	能够控制课堂时间和教学节奏	能够监控学生的状态对课堂时间和教学节奏进行调整	能够根据课堂上不可预知的学情，灵活调整教学设计时各环节的时间分配，并对教学内容作出取舍
		（十二） 准确把握 内容走向	能够按照教学设计的思路，控制课堂教学的走向	能够根据教学反馈的信息，对教学内容和进程进行调整	能够准确把握教学设计的思路，灵活处理课堂生成性问题，控制课堂教学的走向
	七、学习指导能力	（十三） 关注个体 分层指导	能够观察各类典型学生的反应，对边缘学生予以特别关注，并能适时对学生进行个别指导	能够了解不同学生的个性特点、学习风格和学习态度，对沉默和边缘的学生进行情感和智力支持	能够通过不同的教学方式照顾不同学生的学习基础、个性特点和学习风格，并能布置有一定层级的学习任务
		（十四） 指导学法 培养思维	能够在教学中渗透学习方法，培养学习习惯	能够根据教学内容指导学生的学习方法和思维方法	能够根据学科特点有效指导学生的学习方法和思维方法，提高学科素养

《北京市朝阳区教师教学基本能力检核标准》

维度	关键表现领域	能力要点	合格	良好	优秀
教学评价能力	一、学生学业评价能力	（一）掌握学业评价标准	能够结合具体的教学内容解释学业评价标准中各目标动词的含义，并能选择符合评价标准的课堂检测题	能够根据相关的学业评价标准和学生的学习情况编制用于教科书的测试卷	能够根据相应的学业评价标准独立编制学期综合测试卷，有对学生思维和情感变化的观测点和具体的观测方法
		（二）科学选择评价方法	能够根据教学内容和学生情况选择激励性的评价方法；能够选择不同难度的题目布置作业或练习	能够通过观察、追问等多种方式进行学生的学习过程评价；能够选择和编制不同难度的题目并设计不同的作业完成方式	能够从知识、思维、情感等各个方面系统评价学生的学习状况；能够确定多元化的评价主体和选择多样性的评价方式
		（三）有效利用评价结果	能够选择恰当的方法及时解决课堂练习和作业中出现的问题；能够针对学生的知识漏洞及时对学生进行个别辅导	能够根据课堂练习和作业中出现的问题调整教学进度和教学方法；能够根据学生需求为不同学生提供不同的学业指导。	能够根据学生的情绪、情感、思维状态及时调整教学进度与策略；能够根据评价结果为学生提供具有挑战性的学习任务
	二、教学效果评价能力	（四）掌握教学评价标准	能够了解课堂评价标准的具体内容，并能结合实例进行解释	能够确定教科书呈现的自然单元教学效果评价标准。	能够确定学生某种能力发展单元的教学效果评价标准
		（五）科学运用评价方式	能够有理有据地对自己或他人的教学进行评价	能够分析教师行为与学生表现之间的因果关系	能够实现评价主体的多元化和评价方式的多样性，找出导致教学成功与失败的根本原因
		（六）反思评价改进教学	能够积累反思材料，并根据自己的反思和他人的评价改进教学	能够将自己的评价意见与他人进行有效交流，并对他人提出教学改进建议	能够对分析结果进行理论提升，并对教学提出系统的改进方案

备注：良好层次的要求包含合格层次的要求；优秀层次的要求包含良好层次的要求。

参考文献

［1］钟启泉.为了中华民族的复兴 为了每位学生的发展［M］.上海：华东师范大学出版社，2001.

［2］蔡楠荣.课堂掌控艺术［M］.北京：教育科学出版社，2006.

［3］王升.教学策略与教学艺术［M］.北京：高等教出版社，2007.

［4］吴也显.教学论新编［M］.北京：教育科学出版社，1991.

［5］叶澜，等.教师角色与教师发展新探［M］.北京：教育科学出版社，2001.

［6］陈瑶.课堂观察指导［M］.北京：教育科学出版社，2002.

［7］［美］肯尼斯·莫尔.课堂教学技巧［M］.刘静，译.北京：人民教育出版社，2010.

［8］［英］保罗·迪克斯.课堂行为管理的实用诀窍［M］.查宇，译.成都：四川教育出版社，2008.

［9］何克抗，林君芬，张文兰.教学系统设计［M］.北京：高等教育出版社，2006.

［10］孟宪凯，刘文甫.导入技能训练［M］.天津：天津教育出版社，2010.

［11］胡淑珍，胡清薇.教学技能观的辨析与思考［J］.课程教材教法，2002（2）.

［12］王宝珊.朝阳区教师教学基本能力检核标准解读［M］.北京：北京出版社，2010.

［13］陈晓慧.教学设计［M］.北京：电子工业出版社，2005.

［14］沈斌.课堂教学的目标、策略与评价的一致性［M/OL］.

［15］柳燕君.现代职业教育教学模式——职业教育行动导向教学模式研究与实践［M］.北京：机械工业出版社，2014.

［16］赵志群，［德］海尔伯特·罗什.职业教育行动导向的教学［M］.北京：清华大学出版社，2015.

［17］祝智庭.现代教育技术——促进多元智能发展［M］.上海：华东师范大学出版社，2003.

［18］游建波.信息技术课程的教学策略与案例［M］.福州：福建教育出版社，2016.

［19］刘志雄．运用现代教学媒体提高课堂教学效率［J］．新财经：理论版，2010（8）．

［20］佟一民．现代教学媒体在日常教学中的有效应用［J］．课程教育研究：新教师教学，2013（26）．

［21］赵玉森．如何有效使用现代教学媒体［J］．课程教育研究，2014（6）：48.

［22］郑庆炎．恰当运用现代教学媒体，提高教学效率［J］．软件：教学，2014：111.

［23］余斌．有效应用现代教学媒体促进学生探究意识［J］．信息与电脑：理论版，2012（1）．

［24］［日］田中耕治．教育评价［M］．北京：北京师范大学出版社，2011.

［25］［美］安奈特布鲁肖，托德威特克尔．改善学生课堂表现的50个方法［M］．北京：中国青年出版社，2010.

［26］陈玉琨．课程改革与课程评价［M］．北京：教育科学出版社，2001.

［27］刘惠军，李洋．教师的自主支持与学生内部动机和胜任感的关系［J］．河北大学学报（哲学社会科学版），2006（2）：26–27.

［28］徐土根，何桦．学习动机理论与课堂教学［J］．杭州师范学院学报（自然科学版），2003（6）：40–41.

［29］刘惠军，王斐．1994—2002年国内学习动机研究状况分析［J］．教育探索，2004，

［30］刘宗南．微格教学概论［M］．天津：天津大学出版社，2011.

［31］赵雪霞．高效教学组织的优化策略［M］．重庆：西南师范大学出版社，2013.

［32］丁步洲．课堂教学策略与艺术［M］．重庆：重庆大学出版社，2013.

［33］周军．教学策略［M］．北京：教育科学出版社，2003.

［34］周锐．新课改视野下中学课堂教学组织形式变革研究［D］．湖北大学，2013.

［35］齐嘉妍．有效性视角下课堂教学组织形式研究［D］．福建师范大学，2012.

［36］陈永概．如何保证小组合作学习的有效性———一节失败的小组合作学习课的启示［J］．体育教学，2012，（10）：29-30.